JN060392

我が家は伏魔殿？

仁田 芳樹
NITTA Yoshiki

文芸社

（一）

一九七九年（昭和五十四年）の十月、日曜の朝だった。

当時、私（仁田芳樹）は埼玉県の東部に住んでいた。最寄りの駅は東武線のT駅だ。T駅は都心へのアクセスも良く、その頃急速に人気が高まっていた。

私の家はT駅の東口から徒歩で七、八分のところにあった。

「ねぇ、おとうさん。この家いくらで売れると思う？」

二階のベランダで洗濯物を干していた妻が突然言った。

妻が干している洗濯物のすき間を通して、秋の陽射しが二階の和室にも差し込んでいた。

私はその部屋で新聞の朝刊を読んでいた。十ヶ月になったばかりの長女は私の横で気持ち良さそうに眠っている。

「どうしたの、急に。引っ越しでも考えているの？」

私も家の買い替えを考えていないわけではなかったが、二人で言葉に出したのはこの時が初めてだった。

妻は長女の布おむつをパタパタと広げながら、

「安くでしか売れないよね」

と、自分に言い聞かせるように小さな声で言った。

「そんなことはないよ、この家を世話してくれた川上さんも言ってたよ。ここは駅からも近いし、これから開けていくところだから一年で五十万は値上がりするはずだって。買った時よりは高くで売れると思うけどなぁ」と言うと、「そうだろうか。それならいいいんだけど……」と、妻はため息をつくようにつぶやいた。

私たちは中古物件の今の家を、二年前に東京都足立区の不動産屋さんから、一千万円で購入した。川上さんというのはそこの営業員だ。

敷地は五十六平方メートル（約十七坪）だった。築後十五年経っていたので、外壁は多少汚れており、亀裂も少しあった。妻と結婚する時に購入した家だ。ここで長女は育ち、やがて二人目の子どもが生まれようとしている。

子どものいない新婚家庭には手頃の広さであるが、二人目の子どもが生まれようとしている私たちは、すでに狭さを感じてきていた。

いずれ子どもの成長に合わせて家の狭さに悩む時期がくるだろう。住み替えを考えるにはちょうどいい機会だった。

妻が引っ越しのことを口にして以来、真剣に考え、話し合うようになった。

土曜日曜の朝刊にはおびただしいほどの住宅広告が折り込まれてくる。新築一戸建て住宅、新築マンション、中古住宅に中古マンション、と選択するには余るほどの物件の豊富さだった。

私たちには狭いながらも思い出のある家だったが、二人目の子どもが生まれるのを機にもう少し広い家に引っ越そうと決めた。この家で将来増築するにしても、土地の面積が二十坪にも満たないのでは、おのずと限界がある。

どうせ先々引っ越しをするくらいなら、子どもが小さいうちに家の問題は終わらせておきたいと思った。しかし、今すぐに引っ越しをしなくちゃいけない、という切羽詰ったものではなかったので、時間をかけて相談し合う余裕はあった。

どういう家にするか、どういう環境を選ぶか、銀行からの借入金はいくらまでにするかなどを二人で話し合い、ある程度の方針や予算を立てた。今の自分たちの経済力を考えると、銀行からの借入金は一千万円以上にならないように決めた。

それからは、毎日の新聞に折り込まれる家の広告や不動産会社の案内などを、気をつけて見るようにした。

そして昭和五十四年の暮れも押し詰まった頃に、一枚の広告が目に留まった。

（二）

「おかあさん、この家はどうだろうか。値段も場所も何か良さそうだよ」

私はその折り込み広告を妻に渡しながら言った。妻はそれを受け取ると、

「この物件は先週も出ていたよ、でもいいかもしれないね」

そう言いながら広告に目を落とした。

しばらくその物件の所在地や間取りなどを確認していたが、

「先週も出ていたので、すぐには売れないでしょう。見に行くのは年が明けてからにしましょうよ」

と言うと、その広告を折りたたんで箱の中にしまった。

他に手ごろな物件がないか探したが、その広告以外には見当たらなかった。

五日後に昭和五十五年の新年を迎えた。

一月二日は長女の満一歳の誕生日だ。妻は台所でケーキを作っている。

「おかあさん、広告の家はいつ見に行こうか」と私が言うと、

「そうね～、正月休みはいつ頃までなんだろう。十五日の成人式の日あたりはどうかしら」と、大きくなったお腹を擦りながら妻は言った。

一月十五日、その日のことは四十年経った今も忘れない。朝から寒かった。どんよりとした曇り空で、いつ雪が降ってきてもおかしくない天気だった。

妻が先日の広告をたよりに不動産会社に電話をかけると、一時間ほどして担当の営業員が自宅に訪ねてきた。受け取った名刺には、「株式会社東成不動産　営業部主任　野田光男」と印刷してあった。見たところ私より十歳は年上に見えた。四十台前半だろうか。

「挨拶している時間がもったいないので、先に家を見にいきましょう。挨拶はそれからにして……」と言うので、野田の運転する車に私たちは乗り込んだ。

車を運転しながら野田は、

「家を見に来た人はこれまでたくさんいたんですよ。でも、すぐ近くに立派な建売住宅が売りにでているので、皆さん最後はそちらに目がいくんですよね。なかなか決ま

りませんよ」

と言った。

「立派な建売住宅というのはどれくらいの値段なんですか？」

と妻が訊くと、

「最低で三千万円はしますね」

と野田はあっさり答えた。

三千万円もの家を購入するとなると、おそらく二千万円は借金をするようになるだろう。妻も私も思わずため息をついて顔を見合わせた。

野田の運転する車は踏切を渡ってT駅の西口に回った。

西口は駅前を基点にして、かなり広い範囲で区画整理が行なわれている最中だった。駅前のロータリーや碁盤の目の立派な道路はすでに出来上がっていたが、建物は一部を除いてまだほとんど建っていない。空き地が多いし、駅前も閑散としていた。

しかし、駅からの徒歩圏内には住宅都市整備公団の大型高層分譲マンションが何棟も建つ予定で、広大な敷地がすでに確保されていた。分譲マンションが完成すると人口もいっぺんに増えることだろう。西口は開発が進むにつれ、東口よりも賑やかな町になることは間違いないと思われた。

野田の車はその西口の区画整理地の外れまで行って、灰色の小さな橋を渡った。そして橋を渡りきるとすぐに左折して、川沿いに二分ほど走ると広告の家に着いた。

家は川沿いの道路から三十メートルほど奥まったところに建っていた。

「駅から徒歩で十七、八分はかかりますね」と野田は言った。

車を降りて、私たちは周辺を見回した。家の裏側には田んぼが一面に広がっていた。田んぼの黒い土壌に、昨年刈り取った稲の切り株が、吹きさらしの風に震えるように立っていた。いかにも冬の光景だった。

広告の家とほとんど同じ造りの家が、家の向きを直角にする形で、奥に一軒建っていた。敷地は広告の家と二分割にしてあるのがわかった。

「奥の家も野田さんのところで販売しておられるんですか?」

「いや、建てた工務店は同じですが、今は東京にお住まいの北川さんという人が所有しておられます」

「どういう方ですか?」

「私も詳しく知りませんけど、東京で金融業をされてるようですよ」

「金融業というと、例の高利貸しの……？」

「ええ、でも北川さんはこの家には住まないって聞いてますよ。いずれ販売されると思いますね」

それを聞いて私は内心ホッとした。北川さんがどういう人かは知らないが、隣に住む人が高利貸しの仕事をしていると聞いただけで気が引けたからだ。

事実、奥の家にはまだ誰も人は住んでいなかった。

広告の家の正面には平屋の農家が建っていた。敷地は百坪はあるだろうか、渡辺さんという人の家だ。私と同じ年頃の女性が庭に出ていたので軽く会釈をすると、その女性も軽く頭を下げてしばらく私たちの様子を見ていた。きっと奥さんだろう。

家の横には農業用水を兼ねた幅二十メートルほどの川が流れていた。先ほど車で川沿いの道路を走ってきたが、その川だ。川の両岸には水難防止のための金網のフェンスが張られている。幅二十メートルといっても両岸の斜面には冬枯れの草が茂っていて、水量も少なく膝下ぐらいの水がゆったりと流れていた。

地名も大原新田というぐらいだから、周辺には畑や田んぼが多く、家は市街化調整区域の中にあった。

起伏の少ない平坦な関東平野の地にあって、自然を求めようとすると、川と田んぼぐらいしかない。その貴重な自然が、その家の周りにはまだ若干残されていた。

私も妻も、家の造りに関してはしょせん素人の目しか持っていない。手の込んだ造りの家かどうかは、よく見てもわからなかった。

私たちは、家の間取りと土地の広さと陽当たりと、周辺の環境を確認して、その家がとても気に入った。

「家は九ヶ月ほど前に完成しましたが、入居者はまだ誰もいないんですよ、新築状態です」と野田が言った。

設備は整い、いつ引っ越してもいいような状態にしてあった。

電灯はスイッチを入れるとあかあかと灯るし、水道も蛇口をひねると手の切れるような冷たい水が出た。当然といえば当然のことだ。

目の前の農業用水の川の反対側は市街化の区画整理地で、車の中で野田が言っていた三千万円もするような家がたくさん売りに出ていた。

販売を案内する旗が風にパタパタとはためいている。見学に行ってみたい気持ちはあったが、三千万円という金額に早々と諦めた。

帰りの車の中で私たちは、今住んでいる家の下取りのことを野田に相談してみた。

「いくらを希望しておられるんですか？」と野田が言ったので、

「いくらの価値があるかはわかりませんが、一千二百万円で下取りしてもらえると嬉しいんですが……」

私は恐る恐る金額を上乗せして言ってみた。

野田は黙っていた。

考えているんだろうか？　しばらく沈黙が続いたが、やがて、

「わかりました。とりあえずその金額で社長に相談してみましょう」

と言った。それまでの声のトーンと何ら変わらなかったのでホッとした。

「何を馬鹿なこと言ってるんですか！」と、すぐに否定されると思っていたので、私と妻は顔を見合わせた。

川上さんの話を信じて、一千百万円ででも下取りしてもらえれば嬉しいなぁ、と妻と話し合っていたところである。決まったわけではないが話を聞いてもらえそうなので取りあえずは安堵した。

私たちは、いったん家に帰って昼食をとった。

午後に、野田が再び私たちを迎えに来てくれた。

当時、私の家には車がなかった。

私たちは、今住んでいる家の権利書や購入した当時の契約書などを用意して、野田の車で東成不動産の事務所に行った。

東成不動産は同じT駅の東口にあった。私たちの家からは徒歩で十五分もあれば行けるところだ。駅前の直進道路に面した三階建ての立派なビルだった。

岩佐社長が出迎えてくれた。さっそく会議室に通されて、岩佐社長と野田の二人が私たちに応対してくれた。

当時、私は三十一歳で、妻は二十八歳になろうとしていた。

野田はスーツ姿だったが、岩佐社長は作業服にネクタイをきちんと締めていた。見る人によって印象は違うかもしれないが、私は作業服姿の岩佐社長に好印象を持った。岩佐社長は五十歳ぐらいだろうか。出身は鹿児島県と言われたが、挨拶を交わす言葉の中にも素朴な田舎訛りが感じられた。

一通りの挨拶が済むと、さきほど見てきた家の物件説明を、宅地建物取引主任者の資格者である岩佐社長が説明し始めた。物件説明は、取引主任者の資格を持った人でないとできない。法律上そうなっている。岩佐社長はその資格証を私たちに見えるように机の上に呈示してくれた。

きっと、二年前に今住んでいる家を購入した時も、東京の不動産屋さんは宅地建物取引主任資格者の人が物件の説明をしてくれたんだろうが、私はもうそんなことも忘れていた。

家と土地の登記簿謄本では、所有者は私たちを案内してくれた野田光男の名義になっていた。更に、債務者野田光男の名前で、債権額一千六百万円の日殖銀行の抵当権が設定されていた。

抵当権の抹消については、契約成立後一ヶ月以内に抹消させてもらいます、契約書にその旨を記載します、と岩佐社長が言った。本来なら、契約が成立して物件を引き渡す時には抵当権を抹消しておくのが当たり前のことなんだろうが、一ヶ月なんてすぐ過ぎてしまうし、まさか間違いは起きないだろうと安易に考えて岩佐社長の説明を了承した。

物件説明書には電気は東京電力、水道は公営と記載されていて、その説明も岩佐社長より受けた。

今住んでいる家の下取り価格について、私がお願いした価格を岩佐社長は最初渋っていたが、野田が横から、「何とかなりませんか?」と言ってくれたので、この物件の契約が成立するのなら、ということで、「仕方がない、じゃあ一千二百万にしましょう」と言ってくれた。

他にも細かいことの説明があったが双方で大筋合意した。

私たちはいったん家に帰って、この物件を最終的に契約するかどうか話し合った。

敷地は百平方メートル(約三十坪)、家の前の専用道路を含めると四十坪はある。

建物の間取りも、今の家の二倍近い広さはある。

周囲の環境も悪くはない。しかも、今住んでいる家の下取り価格を私たちの相談に応じてもらえるというのだ。

結局、この土地と家を買うことに決めて、夕方、東成不動産に電話をした。

翌日の十六日に産休で会社を休んでいる妻が東成不動産に出かけ、契約書に印鑑を押した。

今住んでいる家の下取り価格一千二百万円、新しい家の購入価格二千万円の二通の契約書を作成した。

私たちはこの家と土地のために、これから先いろいろと大変な問題に巻き込まれることになろうとは、その時には夢にも思わなかった。

（三）

一月十六日。仕事が終わって家に帰ったのは夜の十時を過ぎていた。

「どうだった、契約はうまくいった？」

台所で食事の仕度をしてくれている妻に訊くと、

「うん、うまくいったよ。昨日と同じ説明をまた岩佐社長がしてくれたので面倒くさかったけどね。でも、いつ引っ越してもいいって。いつにしましょうか？」

妻の声は弾んでいた。

「赤ちゃんが生まれてからでいいんじゃないの」

と私が言うと、

「でも、この家も早く明け渡してやらないと東成不動産も困るんじゃないのかなぁ」

と妻は言った。

後日、東成不動産に相談して引っ越しは出産後にすることにした。

私たちは、新居を二千万円で購入した。そして、支払い計画は次のようにした。

契約日の十六日に手附金として五十万円を支払い、三日後に中間金として二百五十万円を支払った。

更に、今住んでいる家の下取り価格（一千二百万円）からローンの残額（五百万円）を差し引いた七百万円を足して、合計で一千万円のお金を東成不動産に支払うことにした。

そして、後日実際に支払った。

残りの一千万円は、地元の埼葛信用金庫から住宅ローンを借りて支払う予定にした。

もちろん埼葛信用金庫からは、「借入れの申し込みをすれば、いつでも融資してあげますよ」という約束を得ていた。

一月三十一日の早朝に妻は二人目の子どもを出産した。

陣痛が始まったのは真夜中だった。周期的に襲ってくる痛みに妻はじっと耐えていた。

私は前もって調べていたタクシー会社に片っ端から電話をかけていったが、深夜の三時、四時では電話口に出てくれるところはなかった。私は焦った。

妻は、「もう少しは我慢できる」とフウフウ息をしながら我慢をしていたが、私はもうこれ以上は無理だと判断し、最後の命綱と思って一一九番に電話をした。救急車はすぐに来てくれた。

一歳になったばかりの長女と九州の田舎から手伝いに来ていた私の母を残して、急いで車に乗った。救急車の中で妻は、間隔が狭くなって襲ってくる陣痛にひどく苦しみだした。

救急隊員は冷静に対応してくれたが、出産は病気や怪我とは違うので、前もって入院するとか車の手配をしておくとかして、出産のために救急車は呼ばないようにしてください、と注意をされた。

すみません、と謝りながら妻の背中を必死に擦り続けている間に、車は二十分ほどで隣の市の津野田総合病院に着いた。病院に着くと、職員の人たちが担架を用意して待ってくれていた。

私は救急隊の人たちにお礼を言って、妻の衣類と洗面用具を持って担架の後を小走りに追いかけた。

廊下の椅子で待つように言われた。部屋からは、聞き取れない話し声や人の動く気配が忙しそうに伝わってくる。妻の苦しんでいる声が聞こえてくるような気もした。

となりの椅子には、もう一人、男性が頭を抱えるようにして座っていた。

先ほどからの慌ただしさが、まだ私の身体の中に残っていた。昨夜からの緊張の連続でほとんど寝ていなかったが、眠いとは全く思わなかった。

しばらくして廊下の隅のガラス窓に目をやると、外は白々と明るくなりかけていた。時計をみると、まだ朝の七時になっていなかった。

やがて年配の看護婦が、

「男の子でしたよ。ほら、こんなにかわいい……」

と言いながら、生まれたばかりの赤ん坊を抱いて私の前に立った。

長女は九州の妻の実家で生まれたので、生まれたばかりのわが子を抱くことはできなかった。

私は産着に包まれたわが子を初めて抱いた。三千八百グラムで生まれたというので、赤ん坊としては大きいほうであるが、手に抱いてみるとまだ湯気も立っているようで、そのかわいらしさに感動した。

長女を初めて抱いたのは三ヶ月も過ぎてからだった。初めて抱かれた私の腕の中で、長女は私の目をジーッと見つめていた。私とは初対面だったが泣かなかった。

元気に生まれてきてくれてありがとう、という思いが心の中に広がったが、今度の長男も、生まれたばかりでまだ目も開いていないが、長女の時と全く同じ気持ちになった。

この日は、妻が出産したこともあったが、住宅ローンの借入れ確認やその他の手続きのために前もって会社には休暇届を出していた。埼葛信用金庫の支店や保険会社などへは午後から野田の車で廻った。信用金庫の担当者は今回もまた、書類が揃ったらすぐに融資を実行してあげますからね、と言ってくれた。

移動する車の中で野田は、

「私には中学生の娘と小学生の男の子がいるんですが、娘が大きくなって結婚する時には、商売柄、相手の親がどういう家に住んでいるかを見ますね」

と言った。

「どういうことですか？」

と聞くと、

「家を持つっていうのは大変なことじゃないですか。意欲がないと持てませんよ。相手の親が持ち家を持っている人だったら、その子どもも親の影響を受けて育ちますから娘を安心してまかせられると思うんですよね」

と言った。

「なるほど、そういう見方もあるんですね」と私は相槌を打った。

野田も自分の持ち家に住んでいると言った。車の中で私は聞き役だった。

野田はひとしきりしゃべった。私は、野田の話が終わるのを待って、

「ところで、あの家はどうして野田さんの名義になっているんですか？」

と訊くと、

「いやぁ、あれはあの家を買い取る際に、会社に名前を貸しただけなんですよ」

と何事もないように答えた。

その日、私は家の保険料として、野田に三十六万円を渡した。書類は前もって野田が作成してくれていたので、私はその書類に目を通して確認し、署名と押印をするだ

けだった。

もちろん、領収書はもらった。私たちの手元には、もうほとんど蓄えはなくなっていたが、心配はしていなかった。

妻は病院に一週間お世話になって、母子共々健康で退院した。

そして、妻の希望もあり退院早々の二月十日の日曜日に引っ越した。

引っ越しは、距離が近かったのと会社の後輩が二人手伝いに来てくれたおかげで、半日で終わった。暖かないい天気だった。新鮮な木の香りのする新居に、私たちは満足した。

引っ越しが終わって、一ヶ月はあっという間に過ぎた。私は、野田と岩佐社長に、所有権の移転登記と抵当権の抹消を早く完了してくれるように催促した。

なぜかというと、野田の抵当権が抹消され、所有権が私たちのものにならないことには、埼葛信用金庫も私たちに一千万円の融資ができないのだ。信用金庫の担当者から、「早く手続きをしてください」と私自身が催促されていた。

借入れのために用意した印鑑証明書や火災保険証など、せっかく揃えた書類が用をなさないまま宙に浮いていた。

平日は、勤務先の会社に備え付けの赤電話から、一日おきに東成不動産に電話をかけた。会社が休みの週末の土日には、そのどちらかに必ず東成不動産を訪問した。

二月の終わり頃になると、野田は、

「困ったなぁ。私は名前を貸しただけなんですよね、こんなことになるとは思わなかったなぁ。とにかく私も困るんで、社長には早く何とかするよう強く話をしますよ」

と、自分も被害者であるかのように言いだした。

岩佐社長は、

「ご心配かけて申し訳ありませんねぇ。責任もって処理しますので、もうちょっと待ってください。絶対にご迷惑はかけませんので……」

と言葉丁寧に繰り返すばかりだった。

三月も半ばを過ぎたが、話はいっこうに進展しなかった。

（四）

「おとうさんがもっと強く言わないから解決しないのよ。岩佐社長は私たちを若造と思って舐めてるんだから」

と、妻は私を叱責するような言い方をした。普段はそういう言い方をするような女性でないことはよくわかっている。

三月も終わりに近づいたある日、市の職員が二名で我が家を訪ねてきた。平日の午前中だった。産後の育児休暇で家にいた妻に、

「この家は違法建築物なので取り壊し処分の対象になりますよ」

と言った。

更に、この家の土地の形状が法務局の台帳に載っている公図と違うような気がする、という話もしていった。

そして、空き家になっている奥の家の玄関に、

【この家は都市計画法四十三条、並びに建築基準法第六条に違反した家である。所有者は下記へ出頭するように】

という警告書を貼っていった。

警告書を貼られた家は、東京在住の北川さんの所有物になっているが、私はまだ一度も北川さんに会ったことはなかった。

奥の家の玄関は、私の家の庭からよく見える。庭で洗濯物を干していた妻はびっくりして、私の勤め先に電話をかけてきた。

内容の大筋は妻の電話で聞いたので、都市計画法と建築基準法のどこに違反しているのか知識を得ておこうと思い、私は仕事帰りに駅前の書店に寄り、六法全書を買って帰った。

そして、三日後の土曜日の午前中に市の開発指導課に出かけた。課長と担当の職員が二人で応対してくれた。

説明によると、私たちの家は市街化調整区域内に、無届けで建てられた家だというのだ。市街化調整区域内では原則的に宅地造成などの開発行為は禁じられている。市街化が抑制されている区域だからだ。

だから、その区域内に居住用の家を建てるには、いろいろな条件の高いハードルをクリアして、役所の許可をもらう必要がある。

それ故に、その市街化調整区域内に無届けで家を建てられたのでは、市のほうとしても放置しておくわけにはいかないというのだ。

私たちの家が、市が言うように無届けの建築物なら確かに違法建築物である。家を出る時に、「何かの間違いだろうから心配しなくてもいいよ」と妻に言って出てきたが、法律の前にはそんな言葉など何の力にもならなかった。

話を聞いた時には、すぐには信じられなかった。現実にそこに家があり、素人の目ではあるが建物に不自然なところは何もない。電灯はあかあかと灯るし、蛇口をひねると冷たい水も出る。生活していても何ら不自由は感じないのだ。この話は本当だろうか？

私たちは違法行為や不法行為を知った上でこの家を取得したのではない。ましてや、私自身が違法行為・不法行為を働いてこの家を取得したのでもない。

売買契約書もあれば、物件説明書だってある。所有権の移転登記や抵当権の抹消こそまだできていないけれど、この家は私たちのものだ。たとえ違法建築物であっても簡単に立ち退くわけにはいかない。

私は、どんなことがあっても絶対に立ち退くわけにはいかない、と強く自分に言い聞かせて、課長と担当職員に購入した経緯を丁寧過ぎるほど詳しく説明した。

二人はメモを取りながら話を聞いてくれた。

そもそもが、私には納得できないものもあった。私たちがこの家を買ったのは、つい二ヶ月ほど前のことだ。この家は建てられてからすでに一年近くは経とうとしている。

行政はその間どうしてこれを放置しておいたのだ。私たちがこの家を購入する前に、違法建築物としての行政処分を出していたら、私たちがこの家を買うことは絶対になかったはずだ。

行政の怠慢も大きな問題の一つだ、と声を大にして言いたかったが、これはニッチもサッチもいかなくなった時の最後の怒りにしようと思い、私の胸の中に収めて課長と担当者には一言も言わなかった。

取りあえず私は呼び出しに応じて説明責任を果たし、家に帰ってきた。

家に帰ってホッとしたのもつかの間だった。

四月に入るとすぐに、目の前の家の渡辺さんから水道の話が持ち込まれた。

「仁田さんの家の水道は私の家から分岐してやっているので、正式に水道を引いてください」と言われたのだ。

この話にも私たちはびっくりした。

私の家の前には渡辺夫妻が住んでいた。農家造りの平屋の家だ。主人は私より三つほど年上の三十四、五歳で、奥さんは私と同年ぐらいだ。

夫妻には三歳と一歳になる二人の子どもがいて、主人は東京に電車通勤していた。

私たちは二月の十日に引っ越してきて、もうすぐで二ヶ月になる。

この間、水道のことを気にしたことは一度もなかった。ただ、時々水の出が悪くなることはあったが、私も妻も無頓着だった。

水道を二軒で使用していることに最初に気づいたのは渡辺さんだった。

請求書の金額が高いのと、時間帯によって水の出が悪くなるのに気づいて、初めて知ったと言われた。水漏れしてるんじゃないかと思って水道局に問い合わせをされたんだろう。調べてみると確かに私の家に止水栓のメーターがなかった。

渡辺さんに迷惑をかけるわけにはいかない。正式に水道を引く手続きをするので、しばらく待ってほしい、とお願いをした。

まさか、水道にも問題があるとは思ってもいなかった。

三月の終わりに市の職員が来て、土地形状のことを話して帰ったが、その時は取り壊し処分のほうがあまりにもショックが大きかったので、土地形状のほうまで気が回らなかった。しかし、これもいつかは解決しなければならない問題だ。

四つの大きな問題が、いちどきに私たちの生活の上にのしかかってきた。

これから先どうなるんだろう？　この家には悪魔でも住んでいるんだろうか？

一、所有権の移転登記と抵当権の抹消問題
二、違法建築による取り壊し処分の問題
三、水道の問題
四、土地形状の問題

どれ一つとっても、大変な問題である。

こうした大きな問題のある瑕疵物件を百も承知ながら、私たちに何一つ説明もしないで売りつけた東成不動産と岩佐社長、営業員の野田にすべての責任があることは誰の目にも明らかだった。法に触れる行為である。

私たちは東成不動産を訴えることができた。

契約前の状態に現状を回復するよう要求することもできた。

法律は私たちに百パーセントの味方をしてくれるだろうと思った。

しかし、結果として私はその道を選ばなかった。

三十一歳の私には、考えただけでも荷が重く、目の前が暗くなるような思いだったが、東成不動産を訴えることはしなかった。解決を誰か第三者にお願いすることもしなかった。

前に住んでいた家にはもう新たな人が住んでいる。今更引き返しはできないのだ。

東成不動産にすでに一千万円を支払っている。契約を解除したところで、この一千万円が戻ってくる保証はどこにもない。この家を出て私たちはどこへ住めばいいというのか。

どうしたらいいんだろう、どうしたらいいんだろうと、私は毎日考え続けた。

本当にいろいろ考えた。

しかし、いろいろ考えても名案は何も浮かばなかった。名案は浮かばなかったが、いろいろ考えているうちにあることに気づいた。

それは『悩んでも仕方がない』ということだった。

悩んだところで契約前の状態には戻れないし、悩んで解決するものでもない。

それだったら、冷静に考え、落ち着いて行動し、一つ一つの問題を自分の手で確実に解決していこうと腹を決めた。自分の頭と自分の足で解決していこうと決めた。

確かにつまらない失敗だった。口に出して人に語れる話ではない。自分の恥を晒すようなものだ。

しかし、これは仮定の話ではあるが、もし私たちがこの家を買っていなければ、誰か別の人が被害に遭っていただろう。そうしたらその人が大変な思いをするに決まっている。

私は、神様に私の能力を試されるために選ばれたのかもしれない、と思うことにした。もしそうなら、自分がどこまで頑張れるかやってみるしかない。

私たち夫婦は社会的に悪いことをしたわけではない。人を傷つけたわけでもない。

いくらなんでも私たち家族を取って喰おうとする人間はいないだろう。誠意をもって事に当たれば必ずうまく解決する、と自分自身に言い聞かせた。

そして、五年先十年先の私や妻や子どもたちが、この家で楽しく笑いながら生活をしている姿を、頭の中にしっかりとイメージするように努めた。この家で大きくなった子どもたちの笑顔がカラーで見えるようになるまで、頭の中に明確なイメージを作りあげていく努力をした。

不思議なもので、いったん腹を決めてしまうと意外に冷静になれるものである。

（五）

花見の季節もあっという間に終わった。

私は製造会社に勤めていた。仕事は忙しかった。

仕事の他に、工場の従業員で作っている親睦会の役員も引き受けていたので、仕事以外の下働きも多かった。花見の時はカラオケの準備をし、お酒や弁当の買出しも手配し、場所の確保にも努めた。夏の暑気払いの準備も大変だった。みんなの前で歌も唄った。

新しい家に引っ越したことは工場のみんなも知っている。

「どうだ、新築の住み心地は？」と取締役の工場長も声をかけてくれた。

私は、家の問題で頭を痛めている素振りは一切見せないように努め、仕事にも影響しないよう周囲に気を配った。

しかし、内心は土日も祭日もなく、心穏やかな日は一日としてなかった。

所有権の移転登記と抵当権の抹消は、一向にはかどらなかった。私は野田と岩佐社長のもとに、足繁く出向いた。会社の帰りに東成不動産に立ち寄ったり、土日の休みには必ず事務所に出かけた。

野田は、岩佐社長に話をしてくれと、だんだん逃げるようになってきた。

岩佐社長はさすがに逃げることはしなかった。電話をすると、きちんと電話口に出てくれた。しかし、口から出てくる言葉は決まっていた。

「もうしばらく待ってほしい、絶対に迷惑はかけないから……」の繰り返しである。

そして、私が事務所に足を運んだ時は、

「川口駅前に持っている自社物件の土地が売れそうだ。話がまとまると一億二千万のお金が入ってくるので、その時は間違いなく抵当権を抹消するし、所有権の移転も行なう」

と言って、その土地の謄本を見せてくれた。

また、タイプで打たれた売買契約書を見せて、

「あとは印鑑をもらうだけになっているが、相手の会社の役員会でなかなか承認が得られなくて、まだ印鑑をもらえないでいる」

とも言った。

私にはそれらの話がいつ頃まとまるのか、おおよその目途を聞いて帰ってくるしか方法がなかった。

休みの日は必ず東成不動産に出かけて、その後の経過を確認した。

一ヶ月経つのは本当に早かった。何一つ解決しないで、時間だけはどんどん過ぎ去っていった。

所有権の問題と並行して、水道の問題も解決するために、管轄の水道局にも足を運んだ。給水課の課長に会って、水道を引くための申請の話をすると、

「仁田さんの家は違法建築物なので、市から許可が出ないんですよ。市が許可を出せば申請を受け付けられるんですけどね」

と、言われた。給水課の課長の言葉を裏付けるように、市役所から私宛に一通の書類が送られてきていた。

五月七日の日付で、市長が水道局の横田局長に宛てた文書だった。

『下記の建築物は違法建築物として処理中なので、所定の処理がなされるまでは給水を保留されるようにお願いします』

と記されてあった。

そして、下記事項として私の住所、氏名それに違法建築の内容が書かれていた。

私はその書類を持って渡辺さん宅に行った。

「違法建築の扱いを解除してもらわないことには、水道を引くことも取り壊し処分を撤回させることもできないので、もうしばらく待ってほしい」と改めてお願いした。

渡辺夫妻は事情を理解して了解はしてくれたが、「いつまでもは待てませんよ」と最後には厳しく釘をさされた。

私は、市の建築課と都市計画課にも足繁く通った。

家の件で会社を休むわけにはいかないので、第一第三土曜日の会社の休日を利用して午前中に市役所に行くようにしていた。当時、役所は土曜日の午前中は開庁していたので貴重な時間だった。

行く先々の部署からは、また仁田が来た、と思われていたに違いない。それほど私は市役所に通った。私は足を運ぶたびに、一日も早く違法建築物の扱いを解除してくれるように訴え続けた。

市のほうも、この家を建てた有限会社竹内工務店に出頭命令を出して、事情聴取を行なう予定であるが、「相手がなかなか出頭に応じないため調査が遅れている」と申し訳なさそうに話してくれた。竹内工務店は県の北部にある工務店ということだった。私は、「水道の問題があるので早くお願いします」と頭を下げて帰ってくるしかなかった。

渡辺夫妻からは顔を合わせるたびに、「話はどこまで進んでいますか？」と訊かれた。そして、決まって最後には、「とにかく早く水道を引いてくださいね、私の家も水の出が悪くて困ってるんですから」と言われた。

私も妻も恐縮して、「申し訳ありません」「すみません」と頭を下げた。

渡辺家の水栓番号は五百番台と、市内でも最も古いほうに入り、申請した当時の記録すら水道局の台帳には残っていなかった。十三ミリの水道管が引き込まれていたが、十三ミリ管といえば一世帯分がやっとまかなえるだけの水量である。

それを小さな子どものいる二世帯で分けて使っているので、両方で同時に使用する時の水の出はチョロチョロといった形容がぴったりあてはまった。おまけに、この地区は水圧が全体的に低くて、夏場になると水の出も悪くなるということだった。

蛇口をひねって、水の出が糸をひくように細い時は、隣も使用している時なので、妻は急いで水を止めた。そして、私の顔を見て悲しそうな顔をする。
隣から、「水を止めてください」と、電話がかかってきたのは一度や二度ではない。
妻の悲しそうな顔を見るのは実につらかった。
こんなことが何度あっただろうか、これからもしばらく続くのである。

（六）

五月の連休も終わった週末の土曜日に、私はある考えを持って、いつものように東成不動産へ出かけ、岩佐社長に会った。

川口駅前の土地売買の話は結局成立しなかった。それを聞いても、さほどがっかりしなかった。これまでも、期待をしては裏切られることの連続だったからである。

そのうちいいことも起きるだろう。それまで東成不動産が倒産さえしなければいい、と思うようになっていた。

だからと言って、そのいいことが起きるまでの間、他人任せにしてじっとしておくわけにはいかないので、今はせっせと自分の足でいろいろなところと接触を保っていこう、と自分に言い聞かせていた。

この日、私は「所有権の移転登記」と「抵当権の抹消」を別々に切り離して、所有権の移転登記だけを早く終わらせてくれるように岩佐社長にお願いした。

岩佐社長は、事務処理が二回になって面倒なので一回で終わらせたい、とずいぶん渋った。なかなかウンと言ってもらえなかった。

岩佐社長が渋るのには他にも理由があったんだろう。私たちは東成不動産にまだ残りの一千万円を支払っていない。岩佐社長にしてみれば、まだ半分しか貰っていないのに、所有権を移転してしまうのはどんなものかと思われたのかもしれない。しかし、その原因を作っているのは東成不動産のほうだ。

私は要求を下げなかった。

どうして私が要求を下げなかったかと言うと、所有権を移転してくれないので法律上はまだ私たちの家になっていないのだ。私たちの家になっていないのに、市に対して早く建築確認の申請を認めて欲しいと私が要求するのもおかしな話だったからだ。

岩佐社長はしぶしぶ私の要求を聞き入れてくれた。所有権の移転登記が完了したのは六月十九日だった。

当時のことを妻が日記に書いているので抜粋してみる。

六月二十二日（日）

夕方の四時に参議院選挙の投票を終えて東成不動産に行く。昨日約束をしておいた家の権利証をもらうためだ。野田さんには電話で、明日の日曜日に取りに行く、と伝えていたが、事務所に野田さんはいなかった。

岩佐社長がいたので、権利証をもらいに来たと話すと、月曜日に取りにくると野田から聞いていたので用意していない、と言われた。がっかりした。

ついでに水道のことも話すと、水道は東成不動産の責任で必ず引くと岩佐社長が言ってくれた。それから抵当権の抹消は七月中には行なうと言ってくれた。

六月二十三日（月）

会社の昼休みに東成不動産に行く。社長の奥さんだけが一人でいた。

これから司法書士のところへ取りに行ってくる、夕方野田に持たせてやる、と言ってくれたが、結局、野田さんから連絡もなければ持ってもこなかった。

六月二十四日（火）

朝一番に司法書士へ直接電話をした。所有権の移転登記を確認すると、登記は十九日に終わっていると教えてくれた。ただ最近、東成不動産は支払いが遅れるので代金と引き換えでないと権利証は渡せない、と言われた。そして、昨日も東成不動産は取りに来なかった、と言った。

昼休みに東成不動産へ行くと、あいにく会社は休みだったが、チャイムを鳴らすと岩佐社長が迷惑そうな顔をして出てきた。

昨日は司法書士のほうまで廻る余裕がなくて誰も行けなかった、と弁解された。

あなたのほうで取りに行ってもらえないか、と言われたが、車もないし行っている時間がないです、と断った。登記費用を工面するお金もないんだろうか、心配だ。

六月二十五日（水）

暑い一日だ。待てど暮らせど東成不動産から何の連絡もない。

六月二十六日（木）

昼休みに東成不動産に行く。岩佐社長が、忙しくてなかなか取りに行けないでいると言った。夕方には必ず取りに行ってくるので明日まで待ってほしい、とまたまた弁解された。

六月二十七日（金）

朝早く、権利証を持って野田さんが来た。

登記費用二十一万五千円を野田さんに渡した。領収書はもらった。

当時、妻は自宅近くの小さな会社に勤めていた。妻の日記からもうかがえるように、私たちはこのようなまどろっこしいことを毎日のように繰り返していたのだ。

しかし、こうして日記を読み返すと、岩佐社長も奥さんもしたたかで悪どい人間であるかのように思われるが、私にはこの夫妻がどうしても悪い人には見えなかった。

自分が今、騙されて大変な思いをしているというのに……だ。

登記簿は私が法務局へ行って取り寄せたが、所有権は間違いなく移されていた。やっとこの家が私と妻の名義になったのだ。

しかし、抵当権はまだしっかりと野田の名前で設定されたままになっている。

抵当権者である日殖銀行は、債務者である野田に対して未払いローンの全額を早急に返済するよう要求し続けていた。それは野田の口から聞いていた。

野田は日殖銀行に、この家が売却されたことをまだ話していないんだろうか。日殖銀行は抵当権を設定した物件が、すでに第三者の手に渡ったことをまだ知らないんだろうか。

日殖銀行から私に対してはまだ何の連絡もなかった。

所有権の移転登記はやっと終わったが、七月を過ぎても、その他のものは何一つ解決しなかった。

この間も私は、粘り強く市役所や水道局に通っていた。

市役所へは取り壊し処分解除のお願いに、水道局へは給水のお願いに、だ。


八月になって五日間の夏季休暇があったが、どこにも遊びに行く気はしなかった。

それは妻も同じだった。

私たちは夏季休暇の一日を利用して、知り合いに紹介された地元選出の国会議員が隣市で開いている生活相談所に出かけた。

いろいろな方面からいろいろな話を聞いて、何か解決の糸口がみつかるかもしれないと思ったからだ。相談所では司法書士の先生が応対してくれた。

私たちは、これまでの経緯と解決しなければならない問題を話しながら、今後どのようにしていったらいいのかを相談した。

先生は親身になって話を聞いてくれた。そして、最近こういうトラブルが本当に多くなりましたね、と言いながら被害実態を二件ほど話してくれた。

いざという時のために、どんな些細なことでもきちんとメモをとっておくこと。妻が日記に書いていたようなことは大事なことだと褒めてくれた。

そして、念書、公正証書、告訴等についてもいろいろと説明してくれた。

「抵当権の抹消については、県庁の中に業者指導課という部署があるので、そちらに相談に行って行政力で解決したほうが早いと思いますね。とにかく、仁田さんのところは抵当権の抹消だけでなく、他にも大変な問題を抱えているので弁護士に相談されたほうがいいんじゃないでしょうか」と言って、弁護士事務所も紹介してくれた。

親切に詳しく応対してもらった。

感謝のお礼を言って、私たちは相談所を出た。

六ヶ月になっていた長男は、行きも帰りも母親の背中でスヤスヤと眠っていた。

一歳半になった長女はまだおしめをつけていたが、私と手をつないで楽しそうに歩いた。駅前の靴屋さんで長女に赤い色のかわいい靴を買ってやったら、とても喜んだ。

夏休みが終わった週の週末に私は東成不動産に出かけた。野田はしばらく会社を休んでいたが、私が行った時には会社を辞めていた。

岩佐社長は、会社を辞めた野田のことを、

「あんないい加減な男は初めてですよ！　お客のところへ行くと言って事務所を出たんですが、お客のところへは行かないでパチンコ店で時間をつぶしていたんです。知り合いから電話があってわかったんですが、野田も事務所に帰ってから正直に謝ればいいのに、行ってもいないお客のところに、さも行ってきたような嘘の報告をするので、きつく叱ったんですよ。そしたら、翌日から五日間も無断欠勤ですよ、一言の連絡もないんですからね。子どものいる四十男のすることじゃないでしょう。六日目の朝に遅刻してきたんですが、挨拶もしなければ遅刻の理由も言わない。私も仏じゃないし、他の社員に示しがつかないんで、一言注意したんです。そしたら、野田のほうから、今日で辞める、と言ったので私もあえて引き止めませんでした」

と私に言った。

「彼は今、どうしてるんですか？」と訊くと、W駅前の大信住宅に勤めているらしいと教えてくれた。

「野田さんには困るなぁ、事情はわかりましたが抵当権の問題もまだ解決していないし……。とにかく、抵当権の抹消は岩佐社長のほうでお願いしますね」

東成不動産に何回も通っているうちに、私も少しずつ岩佐社長の人柄がわかってきたつもりでいた。

今は資本主義の社会なので、お金の有る無しが一番大事なことではあるが、そのお金が今の岩佐社長にはうまく回転していかないのだ。

決して悪い人ではない、そんな人にあえて喧嘩腰になる必要はないと思っていた。しかし、それは非常に危険な賭けだったのかもしれない。

この頃になると私にも多少の打算が芽生えていた。

東成不動産の経営内容についてはまったくわからない。岩佐社長の振る舞いを見ていると、資金繰りで困っているのは確かだった。倒産する確率は何パーセントぐらいあるんだろうか。もし、倒産することさえなければ岩佐社長の人柄からして、いずれ抵当権を抹消してくれるのは間違いないはずだ。

埼葛信用金庫の住宅ローンが組めないので、毎月の返済金はゼロ円だ。私たちはこの家にもう六ヶ月以上、ただで住んでいる。その分、貯金はできる。

これは危険な打算であったが、成り行きからしてどうしようもなかったのは事実だ。

私は妻に、

「おかあさん、この家の問題は俺が必ず解決するので、それまでの間節約して一円でも多くお金を貯めておいてほしい。東成不動産が抵当権を抹消してくれた暁には、埼葛信用金庫から一千万円もの借金をしなくて済むからね。今は大変だけど、その分あとが楽になると思うと、頑張り甲斐もあるじゃないか」

と話していた。

日曜の朝に、私は野田が勤めている会社に行った。大信住宅はすぐにわかった。営業員はいったん会社を出るとなかなか捉まらないので、彼がまだ会社にいる九時前に大信住宅に着いた。

朝の打ち合わせ中ということで、玄関脇の簡易な応接テーブルで三十分ほど待たされた。会議室から出てきた野田は、私の顔を見るとすぐに外に出ようと言った。会社の中で、私の一件を話されるのはまずいと思ったらしい。

外に出て、駐車場のブロックに腰掛けた。野田は、どうしてここがわかったのかと訊いた。

「岩佐社長に聞いたんですよ」

社長は何か言っていたかと言うので、

「別に何も言ってなかったですけど……。でも何で東成不動産を辞めたんですか？」

と訊き返した。

「岩佐社長と肌が合わなかったんですよ」と野田は言った。

「そうなんですか、人間関係って難しいですね」と彼に同情するようにうなずきながら、

「でも、私の問題は何も片付いてないですから、私の前からいなくなるのはやめてください ね。日殖銀行の住宅ローンの返済は、その後どうなっているんですか？」

と訊くと、野田は、

「そのままですよ。前にも言ったように私には返済の義務はないんですよ、私は名前を貸しただけなんですからね。返済の責任は東成不動産にあるんです。ほんとに申し訳ないですがローンの返済は岩佐社長に言ってくださいよ」

と言った。

「しかし、日殖銀行からは野田さんのほうへ返済の請求がきてるんでしょう？　日殖銀行には何て答えているんですか？」

と訊くと、

「私は、日殖銀行には正直に話してますよ。名前を貸しただけで返済の義務は東成不動産にあるってね。実際、一千六百万円の金は東成不動産に入ったんですから。でも東成不動産は一円も返済してないはずですよ」

と言った。

私は、野田に話したいことがあった。

「二日前に日殖銀行から私に電話があったんです、初めてですよ。購入した経緯を聞きたいので出てきてほしい、って言うんですよ。もちろん、話を複雑にしたくないので行ってきますけど、話の内容によっては、また連絡しますからね。

それから、私は水道の問題でも困ってるんですよ。野田さんは知っているんでしょう？　どういういきさつで隣から分けてもらったかを……」

と言うと、野田は、いろいろ迷惑をかけてすみませんねぇ、と言いながら、

「水道のことでは隣に頭を下げることなんかありませんよ。水を分けてもらう時に、保証金として四十万円渡してあるんですから」

と言った。

「保証金って、どういうことですか？　隣の渡辺さんはそんなお金をもらったなんて

一言も言いませんよ」

「そりゃそうですよ、保証金をもらったのは鈴木庄吉さんですから。渡辺さんはその後で庄吉さんの家を買ったんです。渡辺さんが引っ越してきたのは、仁田さんより二週間ぐらい早かっただけですよ」

「え〜！　そうなんですか。渡辺さんは私たちより二週間ぐらい前に引っ越してきたんですか、私はもっと前から住んでおられたと思っていましたよ。じゃあ、庄吉さんが保証金をもらって水道の権利を分けてやった、ということなんですね。それを渡辺さんは知らないんですね」

「庄吉さんが言ってなければ、渡辺さんは知らないと思いますよ」

「私の口からそんなことがあったと渡辺さんに話しても信用してくれないでしょうから、野田さんからそのことを渡辺さんに話してくれませんか」

「私からですか。でも保証金を私が庄吉さんに支払ったわけではないですからね」

「じゃあ、誰が支払ったんですか？」

「仁田さんや隣の北川さんの土地を庄吉さんから買った人ですよ。家を建てる際に水道局に給水の申請をしても許可されないのがわかっているんで、四十万円出して庄吉さんから水道を分けてもらったんですよ。でも、そんなことを私が渡辺さんに話しても、それを裏付けるものは何もないし、私が話しても信用してもらえませんよ。それどころか、渡辺さんにとっては、そんなお金のやりとりなんか関係のない話ですからね。あの水道の権利は今はもう渡辺さんの名義なんでしょう?」

「じゃ、何でさっき渡辺さんに頭を下げる必要はないって言ったんですか?」

「保証金のことが頭の中にあったのと、仁田さんにも責任はないんで、だからつい……」

何かわけのわかったような、わからないようなことを野田は言ったが、しかし、野田は私たちの家が無許可で建てられたことも、水道が分岐されていることも知った上で、私たちに販売したのだ。頭にきたが、今更怒っても……と思うと、怒る気力も失せた。

「じゃ、どっちにしても、水道局に申請してきちんと引く以外に解決はしないっていうことなんですね」

私は疲れたようにため息をついた。

野田が保証金のやりとりにどこまで関わっていたかは全くわからないが、話を聞くかぎり彼は関わっていないということが本当なんだろうと思った。ついでに、「隣の北川さんって、何歳ぐらいなんですか?」と訊いてみた。

「結構年配のようですけどね、でもどうしてですか?」と逆に訊かれた。

土地の境界の件も野田に話した。その件で北川さんと話し合いをしなくてはならないので聞いたのだ、と言った。

境界の件は初めて知った、と野田はびっくりしたように言った。

私はまだ一度も北川さんに会ったことがないので不安だった。

世間では隣同士の土地の境界を巡って、時には殺人事件にまで発展するような大変な争いになりやすい話を耳にしたりもする。その交渉相手が、よりによって東京で貸金業をやっている年配の男性だとは……。

私は境界の問題も憂鬱だった。

夕暮れ時に鈴木庄吉さんがたまたま外に出ていたので、近づいて行って挨拶を交わした。

引っ越しの挨拶は済ませていたし、その後も数回は顔を合わせていたので警戒されることはなかった。時候の挨拶をした後で、

「隣の渡辺さんから水道の分岐を止めるって言われて困ってるんですよ。ちょっと話をお聞きしたいんですけど……」

と水を向けると、

「水道？　ずいぶん前のことでどうなってたかなぁ、もう忘れてしまったなぁ。昔のことなんか覚えちゃ〜いないよ……」と、とぼけられてしまった。

今更、保証金がどうのこうの言ったところで、渡辺さんは納得してくれるわけではないし、保証金だってもうとっくに庄吉さんは使ってしまっただろう。

水道の問題を解決するにあたって、庄吉さんは何の役にも立たない、と早々に見切りを付けた。

（七）

鈴木庄吉さんの思い出を少しばかり話そう。

庄吉さんは変わった人だった。

私たちが引っ越してきた時、庄吉さんは渡辺さんの家の前に小さなバラック小屋を建てて一人で暮らしていた。当時六十歳を過ぎておられただろうか、私にはおじいさんに見えた。

庄吉さんは元々、渡辺さんの家に住んでいた。あの平屋の農家だ。

お金に困った庄吉さんは、その家を渡辺さんに売ったのだ。だから、よくよく考えてみると、私たちが引っ越してくる一、二ヶ月前には、渡辺さんの家族はまだ東京に住んでいて、渡辺さんが住んでいる家には庄吉さんが住んでいたことになる。

近所の人の話によると、庄吉さんは若い頃から遊び人だったらしい。労働意欲や金銭感覚は小さい頃からほとんどなかったようだ。

親が残してくれた先祖代々の土地や田んぼを、少しずつ売っては遊興やギャンブルに使い、気がついた時にはすべての財産をなくしてしまうという、世間でよく聞く話と同じパターンだった。最後にはとうとう自分の住んでいた家までも手放してしまったのだ。

私たちが引っ越した時、庄吉さんは一羽のカラスを飼っていた。どうやって捕まえたのか、逃げないように足を紐で結んでいた。カラスは可哀想に自由を奪われて恐怖に怯えていた。

近所の山岸さんの話では、庄吉さんにはこれまで八人の奥さんがいたそうだ。正式な奥さんが昔は一人いたらしいが、すぐに別れて、その後は多くの水商売風の女性が出入りし、長くて数年、早ければ一年もしないうちに出ていった、と教えてくれた。その合計が八人だと笑いながら話してくれた。

ある夜、山岸さんの奥さんが台所で炊事をしていると、前の道路でワーワー騒ぐ声がしたそうだ。こんな時間になんだろうと思って、ガラス窓をソッと開けて暗がりの外を見てみると、庄吉さんが、ごめん、ごめん、と言いながら頭を手でかばうようにして逃げ回っている姿が見えたそうだ。その後ろを女性が、このアホッタレが〜！

郵便はがき

料金受取人払郵便

新宿局承認

7553

差出有効期間
2024年1月
31日まで
（切手不要）

160-8791

141

東京都新宿区新宿1－10－1

(株)文芸社

愛読者カード係 行

ふりがな お名前				明治　大正 昭和　平成 年生　　歳
ふりがな ご住所	□□□-□□□□			性別 男・女
お電話 番　号	（書籍ご注文の際に必要です）	ご職業		
E-mail				
ご購読雑誌（複数可）			ご購読新聞 新聞	

最近読んでおもしろかった本や今後、とりあげてほしいテーマをお教えください。

ご自分の研究成果や経験、お考え等を出版してみたいというお気持ちはありますか。

ある　　ない　　内容・テーマ（　　　　　　　　　　　　）

現在完成した作品をお持ちですか。

ある　　ない　　ジャンル・原稿量（　　　　　　　　　　　　）

書　名			
お買上 書　店	都道 府県　　　　市区 郡	書店名	書店
		ご購入日	年　　月　　日

本書をどこでお知りになりましたか?
1.書店店頭　2.知人にすすめられて　3.インターネット(サイト名　　　　　　　)
4.DMハガキ　5.広告、記事を見て(新聞、雑誌名　　　　　　　)

上の質問に関連して、ご購入の決め手となったのは?
1.タイトル　2.著者　3.内容　4.カバーデザイン　5.帯
その他ご自由にお書きください。
(　　　　　　　　　　　　　　　　　　　　　　　　　　　)

本書についてのご意見、ご感想をお聞かせください。
①内容について

②カバー、タイトル、帯について

弊社Webサイトからもご意見、ご感想をお寄せいただけます。

ご協力ありがとうございました。
※お寄せいただいたご意見、ご感想は新聞広告等で匿名にて使わせていただくことがあります。
※お客様の個人情報は、小社からの連絡のみに使用します。社外に提供することは一切ありません。

■書籍のご注文は、お近くの書店または、ブックサービス(☎0120-29-9625)、セブンネットショッピング(http://7net.omni7.jp/)にお申し込み下さい。

と叫びながら、掃き箒のようなもので追いかけ回していたそうである。

近所の目や耳を気にすることもなく、しばらくはチャンバラごっこが続いていたが、急に静まり返ったと思ったら庄吉さんの家の電灯が消えて、その後は何も起こらなかった、と意味ありげに昔話をしてくれた。

山岸さんの話があまりにも上手だったので、私たちはお腹を抱えて大笑いした。

隣近所の人たちは鈴木庄吉さんのことを、彼がいないところでは「庄吉さん」と言い、彼の前では「鈴木さん」と呼んでいた。

私が引っ越しした年の夏のことだ。長女を抱いて庭先に立っていたら、川沿いの道路から庄吉さんが私に、ちょっとこっちに来い、と手招きした。

その頃の私は庄吉さんのことをあまりよく知らなかった。ただ、隣近所の人たちの話では、あまり関わらないほうがよさそうな人だと思っていた。

その彼が、ちょっとこっちに来い、と手招きするので、長女を抱いて彼のところに行くと、「たまには家に上がって酒でも呑まんか」と言った。

朝の十時ぐらいだったと思う。大体こういう人には逆らわないのが私の主義だ。「上がれ」というので、長女を抱いたまま家に上がらせてもらった。

部屋に入ると、二十代三十代の若い衆が、四人で膝立てて花札遊びに興じていた。部屋は雑然としていて、一人が胡散臭そうに私を見たが、すぐに遊びに集中した。コップになみなみと焼酎をついでくれた。「一気に呑め！」と言うので二回に分けて呑み干すと、また「呑め！」と言ってなみなみとついでくれた。昼飯前だったので酔いがいっぺんに回った。庄吉さんも一緒に呑んだ。

何もしゃべらずに呑むわけにいかないので「鈴木さんは普段は何をされてるんですか？」と訊いたら、「俺は見た通りのテキ屋だよ」と言った。テキ屋という言葉はよく聞くが、具体的にはどういう仕事をしてるんだろうか？　あまり詳しく訊いて機嫌でも悪くされては困ると思い、「へぇ～！」とだけ言った。

「俺の舎弟が駅前でラーメンの屋台をやってるよ。俺の名前を言えばタダで食べさせてくれるから、仕事帰りに腹でも減ったら食べていけ」と言ってくれた。

土地の言葉でしゃべるので、九州出身の私には非常にわかりづらかった。庄吉さんが折角そう言ってくれたのに、ついに一度も屋台に行くことはなかった。

焼酎を呑みながら、一ヶ月ほど前の話をしてくれた。土地を売って百万と何がしかの金を手にした、らしい。その百万を懐に入れて、飲み屋の姉ちゃん四人を連れて、ここから熱海までタクシーを飛ばし、一晩で百万円を全部使ってきた、と言った。

私は、「すごいですねぇ、一晩で百万円もですか！」と感心しながら話を聞いた。

実際には二、三日で使ったのかもしれないが、私のような田舎者には到底できることではない。羨ましいの一語につきるではないか！　一度はやってみたいものと思いながら話を聞いた。

長女を抱いて赤い顔して家に帰ったら、「朝から酒を呑んだりして！」と妻にしこたま叱られた。しかも百万の話をして、俺も一回はやりたいなぁとため息をついたら、「何を馬鹿なことを言ってるの！」とまたまた怒られた。

とにかく庄吉さんは変わり者だったらしい。

この大原新田の村には、昔は数軒の農家しかなかったそうだ。その少ない農家の一軒に、一人息子として庄吉さんは生まれた。

庄吉さんはすくすくと育っていったが、ふとしたことがきっかけで、十四の時に道を踏み外したそうである。本人がそう語ってくれた。

勉強は俺には性が合わなかったなぁ、と言ったが、性が合う合わないではなく勉強そのものが嫌いだったようだ。出来もよくなかったんだろう。

十四歳の時に警察に初めてお世話になって、それからは度々お世話になったらしい。親が警察に来て俺の前で泣いたと話してくれた。

やがてこの近辺も高度経済成長の波に乗り、宅地開発がどんどん進み一躍土地ブームになった。

根が遊び人の庄吉さんは、なまじ親の跡を継いで農業で苦労するより、土地を売って現金を手にしたほうが楽だということを知った。その点で庄吉さんは恵まれていた。売る土地はいっぱいあった。

大金を持ちつけなかった者がにわかに大金を手にすると、さぁ大変だ。株だ、相場だ、ギャンブルだと、金を使うところはいっぱいあった時代だ。

頭が良ければお金を増やすことも考えただろうが、勉強が根っから嫌いだった庄吉さんは、考えるのが苦手だから、株や投資や商売には見向きもしなかった。ただ消費するだけだった。それも酒と女と遊びに、だ。

気がついた時には祭りは終わっていた。いつまでも春や夏は続かなかった。

親から譲り受けた土地や屋敷はすべて人手に渡り、手元にはバラック小屋とカラスが一羽残っただけである。私が庄吉さんと最初に出会ったのは、その頃だった。

やがて一年が経ち、長女も二歳半を過ぎたある日のことである。

秋口になると家の周りを蜂がよく飛び回るようになった。日曜日の朝、近くの子どもが蜂に刺されて泣いたので、隣近所の人たちと蜂退治をすることになった。

庄吉さんのバラック小屋の前に建築廃材が少しばかり山積みされている。廃材をどこから集めてきたのかわからないが、どうやら蜂の巣はその廃材の下に巣を作っていることがわかった。近所の数人の大人でその廃材を燃やすことにした。

庄吉さんがいれば、もちろん承諾をもらってからやったのだが、誰もここしばらく庄吉さんの顔を見ていないという。

廃材の山に直接火をつけるわけにはいかないので、蜂を刺激しないように上のほうから少しずつ、廃材を燃やす場所に移動させた。その一方で焼き芋の仕度もした。

火をつけると、廃材はよく乾燥していて、パチパチと勢いよく燃え上がった。周りの適当なものに腰掛けて、みんなでおしゃべりしながら焼き芋を頬張った。

これを知ったら庄吉さんは怒るだろうなぁ、と誰かが言ったが、子どもたちが蜂に刺されて泣いたことを話せば庄吉さんもわかってくれるだろう、と意見が一致した。

それから三日後の夜十一時頃だった。

妻は二人の子どもを寝かせるために二階に上がり、添い寝してるうちに自分も眠っていた。私は仕事から九時過ぎに家に帰り、風呂に入った後で本を読んでいた。

川沿いの道路で誰かワ～ワ～大声で叫んでいる声がした。私はすぐにピンときた。庄吉さんだ！　その声がだんだん私の家に近づいてきた。私は動転した。

案の定、私の家の玄関がドンドンと叩かれた。ヤバイ！　大変なことになったと思ったが、家の電気は外に漏れている。庄吉さんは私が起きていることを確認して、私の家に来たのだ。覚悟を決めた。私は玄関に出て行って、玄関のドアを開けた……。

玄関先に酔ってフラフラしている庄吉さんがいた。

「テメエだろう！　俺が集めていた材木を燃やしたのは！」と据わった目で凄まれた。

私は「玄関先ではなんだから……」と言って、庄吉さんを家の中に入れて部屋に上げた。急いでテーブルの上を片付けて座ってもらった。

こんな時、何が幸いするか、本当にわからない。

ちょうど一升瓶の酒の買い置きがあったのだ。私は普段、晩酌をしないので酒を買い置きする習慣はなかったが、たまたま口を開けてない一升瓶があったのである。

私は急いで酒を用意した。それから階段を走って上がって、寝ている妻を揺さぶり起こした。

「説明してる時間がないから、急いで酒の肴を作ってくれ！　卵焼きでも何でもいい」と頼んだ。そして、「作ったら、あとは何にも心配しないで二階で子どもと一緒に寝てくれ」と言った。

寝ぼけ眼の妻は、それでも何かを察したらしく、すぐ下に降りてきて卵焼きを作ってくれた。

私は庄吉さんと、いっさいを九州弁でしゃべることにした。彼が理解しようがしまいがそんなことは構わない、とにかく九州弁でしゃべることに決めた。

庄吉さんは怒っているのだ。最初から廃材を燃やしたことを話題にすれば火に油を注ぐようなものになる。

「酒ばどこで呑んでこらしたですか？」と訊いた。

「どこで呑んでこようと俺の勝手だ！」と庄吉さんは言った。

「おいがところには鈴木さんの口に合うごたる美味か酒はなかばってん、うちの酒も呑んでおくれ」と言って、湯呑み茶碗に酒を注いで出した。

「俺が集めていた……」と言いだしたら「そん話は後でしますけん、まず酒ば……」と、彼に話をさせないように彼の口を制して、湯呑み茶碗に酒を注いでいった。

そして彼がしゃべる前に私のほうから話をした。

「鈴木さんは、ここで生まれらしたとですか？」

「そうだ、俺はここで生まれて育ったんだ」

「じゃ〜、小さか頃からの友達もいっぱいおらすとでしょうね」

「みんな都会に出て行って地元にはあまり残っとらん」と言った。

「鈴木さんは小学生の頃は、どがん子どもやったとですか？」

「おりゃ、勉強がきらいで遊んでばっかりおった。友達が悪い奴らばかりだったので十四の時に道を外してしまってなぁ、親をいっぱい泣かせたよ」

「親ば泣かせるごと、なんばしたとですか？」

「そうだな、友達の家で薬をやってな、朝の四時頃にY駅に向かって歩いていたら、家の中で豆腐作りをやってたおやじとばったり目があったんだよ。薬が効いてたもんだから俺はフラフラしてたんだ。そのおやじが俺の顔を見て蔑むようにニヤ〜ッと笑いやがったんで、俺はムカーッと頭にきて、いきなりガラス戸を開けてそのおやじをボコボコに殴ってやったんだ」

「へぇ～、そいでその後はどがんなったとですか？」

「そしたらよ、そこのカカアに通報されて警察に逮捕されたよ」

「で、そん後は？」

「親が飛んできて、平謝りよ。薬はばれるし、豆腐屋のおやじは、目は合ったけど笑っちゃいない、と言うんだ。その後で親に連れられて豆腐屋に謝りに行ったよ。豆腐屋のおやじ、頭に包帯をしてたけど、未成年だから今回は許してやるって言ってたな」

「鈴木さんは、豪傑じゃったんですね」

「俺は友達が良くなかったな。勉強はできないし、親の仕事は手伝わないし、悪い遊びばっかり覚えてな。その後、何回警察に世話になったことか……」

「お母さんに苦労ばいっぱいかけられたとですね」

「大人になってもまともに働いたことはないな。親の財産もすべて食い潰してしまったよ」

「ここら辺の土地や田んぼは昔は鈴木さんの土地やったとですか？」

「そうだ、ここの土地も、うちのもんだった」

庄吉さんにいろいろ話をしてもらっていくうちに、庄吉さんの気持ちがだんだん変化していってるのがわかった。私は自分ではほとんど酒を呑まなかった。庄吉さんには「呑め！　呑め！」と言って酒を注いだ。一升瓶はほとんど空になっていた。時計を見ると夜中の三時をまわっていた。さすがに庄吉さんも私も疲れていた。私はもう限界だと思い、胡坐をかいていた姿勢を正座に座り直すと、

「鈴木さん、先日はすみませんでした！」

と素直に謝って頭を下げた。庄吉さんが何か言おうとしたが、

「うちの子どもたちが蜂に刺されて大変だったんです。その蜂の巣が鈴木さんの木材の下にあったので、鈴木さんに断りもしないで勝手に燃やしてしまいました。鈴木さんがおられたら、事前に訳を説明して承諾を得たんですが、長いこと顔を見なかったので……。申し訳ありませんでした」

と正直に謝った。

庄吉さんはちょっとだけポカンとした顔をしていたが、やがて、

「そうか、そんなことがあったのか、そりゃ〜俺が悪かった」

と、怒りも静まった普段の声で言ってくれた。庄吉さんは、私の言葉が標準語に変

わったことには気付かなかったようだ。

私は本当にホッとした。万歳をする思いだった。酒のおかげか九州弁のおかげか、そのどちらもだろう。

三時をとっくに過ぎているのを知った庄吉さんは立ち上がろうとしたが、思い直したようにもう一回座り直して、ズボンのポケットをまさぐり始めた。

そして財布を出すと、

「こりゃ〜俺が悪かった。これは俺の気持ちだ、子どもにおもちゃの一つでも買ってやってくれ」

と言って五千円札を出した。

「いや、そんなことをされると私も困りますよ、私のほうこそ鈴木さんの了解も得ずに勝手に燃やしてしまったんですから……」

と、いつもの言葉で断った。

テキ屋稼業の庄吉さんは、いったん出した金はそうそう簡単に引っ込めない。五千円のお金は遠慮せずに気持ちよくいただいた。庄吉さんは、最初の勢いはすっかり消えて機嫌よくバラック小屋に帰っていった。

もうすぐ四時になろうとしていた。この日は朝までほとんど寝られなかった。いつも通り会社へ出勤して、上司である工場長に昨夜の一件を話すと、お前それでよく無事だったなぁ、と笑って感心された。そして、眠たいだろうから午前中は会議室のソファーででも寝ていろ、と休ませてもらった。

庄吉さんとはその後全く会わなくなった。妻が一度、庭で洗濯物を干している時に、川沿いの道を飄々と自転車で走っている庄吉さんの姿を見たそうだ。

その話を聞いて私は妻に、庄吉さんを見たら夫が鈴木さんによろしく言っていた、と必ず伝えてくれと頼んでいた。しかし、それ以降庄吉さんは私たちの前から忽然と姿を消してしまった。バラック小屋は取り壊され、庄吉さんの顔を見ることもなくなった。カラスはどこへ行ったんだろうか。

長年住んでいる近所の人たちは、鈴木庄吉さんのことをあまり良く言わなかったが、私は庄吉さんの顔を思い出すたびに、人間味のあふれる、どこかフーテンの寅さんを思い出すような郷愁を感じる人だったなぁ、と懐かしく思い出す。

（八）

引っ越しから半年も過ぎ、秋風が吹くようになった。八月に入ると早速、日殖銀行から私の家に電話がかかってきた。所有権の移転に関して話を聞きたいので、弊行の浦和支店までご足労願います、という丁寧な呼び出しだった。それを九月まで待ってもらっていた。

日殖銀行には妻が行ってくれた。

妻が浦和支店に着くと、平塚支店長代理と担当の高橋主任の二人が妻を待っていてくれた。初対面の挨拶をして応接室の椅子に座ると、支店長代理が話を訊き、高橋主任が主にメモを取るという役目だった。

妻は何よりもまずこの二人に、自分たち夫婦が決して怪しげな人間でないこと、そして日殖銀行の抵当権が設定された物件を、不法行為や違法行為を働いて入手したものではないことを説明し、理解させる必要があった。

妻は家族構成と夫である私の勤務先、そして仕事の内容を話した。次に購入した経緯を順序立てて話した。それから現在直面している四つの問題についても説明した。最後に抵当権の抹消については野田に責任があるが、実際には東成不動産に抹消する責任があることを岩佐社長の念書を見せて説明した。

二人は妻の話をうなずきながら聞いてくれた。

そして最後に、今の私たちにはどんなに逆立ちしても一千六百万円もの抵当権を抹消する力はないので、債務者の野田か東成不動産の岩佐社長に話を持っていって解決してもらいたい、とお願いした。

二人は私たち夫婦がいわゆる普通の人間であったので、最初から厳しい要求は何もしなかった。むしろ、初対面のその日は妻に同情するような言葉も言ってくれたそうである。

日殖銀行が終わった後、妻は県庁の業者指導課と弁護士事務所へも行ってくれた。

大切な用事であるが、私は仕事を休めなかったのと、妻はこうしたことを全く億劫に思わない性格なのでお願いした。

業者指導課では、行政力で抵当権の抹消に力を貸してほしいとお願いした。

弁護士事務所では、経緯を説明し、今後どのように取り組んでいったらいいのかを相談した。

仕事を終えて私が帰宅すると、妻は私の顔を見るなり、「今日はほんとに疲れた～」と言った。そして、

「こんな大変な問題をご主人が話に来ないのはおかしい、って叱られた」と不機嫌そうな顔をした。

確かに世間はそう思うだろう。それが世間なのかもしれない。

「どっちが行ったって同じじゃないか。きみのほうが俺よりも話はうまいし、説明能力だって俺よりもあるよ。でも、そんな言われ方をしたんだったら、もう今後どこにも相談するのはやめよう。俺たち二人で解決しようよ」と言って妻をなぐさめた。

休みの日は、相変わらず市役所と水道局、それに東成不動産に出かけた。

市の開発指導課では竹内工務店の事情聴取が遅々として進まず、違法建築物解除の判断ができずにいる、という話であった。

私は、水道を引くための第一条件が違法建築物解除の決定にあるので、早く結論を

出してほしい、と何回もお願いして市役所を出た。

そんな中、野田が行方不明になった。

市役所から帰る途中で、野田の勤めている住宅会社に電話をして知った。女性が電話に出て、「一週間前に辞めました」と言った。その後のことはわからないと言う。

東成不動産に行って岩佐社長に聞いてみたが、社長も知らなかった。住所を聞いて、後日訪ねていったが自宅はわからなかった。

あとで耳にした話だが、家庭不和になっていたとか、消費者金融に追い回されていたとか、どこまでが本当の話かわからないが、いい風聞はなかった。

日殖銀行から私の自宅に電話がかかってきたのは、その頃だった。

日殖銀行からはこれまでにも何回か電話があり、呼び出しにも応じていた。

この時は、債務者の野田に融資した一千六百万円が回収不能になったので、第三取得者である私にその全額を肩代わり返済してほしい、とのことであった。

私もいずれ、そうした話がくることを予期していたが、とても承諾できる気持ちにはならなかった。

私はこの家を二千万円で買った。

そして、一千万円をすでに東成不動産に支払っている。

日殖銀行が言う通りに、野田に代わって一千六百万円を肩代わり返済すれば、私たちはこの家を二千六百万円で買うことになる。

二千万円の家を二千六百万円で買うのだ。とても呑める話ではない。

どんなに逆立ちしても、それだけの大金は用意できないと断った。

野田は本当にいなくなったんだろうか。

銀行は真剣に捜したんだろうか。

私は日殖銀行の担当者に、債務者は野田になっているが実質的な返済責任は東成不動産にあることを、口を酸っぱくして主張し続けた。


十月十日。

私は岩佐社長に会って、念書を書いてもらった。
一、抵当権の抹消に関する一切の責任は、野田光男に代わって東成不動産が負う。
二、抹消の期限は昭和五十五年十二月十五日とする。

という二つの約束事を念書に認《したた》めてもらったのだ。

私は日殖銀行の担当者に電話をして、東成不動産との約束事を話し、期限の十二月十五日まで待ってくれるようお願いした。

にわかに私の周辺も慌ただしくなってきた感があった。

市のほうからは違法建築物解除の朗報はまだもらえていない。市にはこれまで何回も足を運び、私たちは違法・不法行為を働いてこの家を取得したのではないということを説明してきていた。担当の職員も事情を理解して、何とかしてやりたいという協力的な姿勢にもなっていた。

市に対しては話すだけでなく手紙も書いて出した。手紙は効果的だ。口でいくら立派なことを言っても、話す言葉はすぐに消えてしまう。しかも話した内容を相手がいつまで正確に覚えてくれているかは誰もわからない。手紙には嘘は書けないし、いい加減なことを書くと、後でしっぺ返しが来る。

日殖銀行との話し合いがいよいよ始まろうとする頃、郷里の母から電話がかかってきた。

闘病中の父の病気が進行し、放っておくとあと数ヶ月持たないだろうという医者の

診断結果を知らせてきた。昔の父の面影はなく、体重も四十数キロと痩せ細っている
という。兄と連絡をとって手術をしてもらうことにした。

心配事が五つにも六つにも増えた。

抵当権抹消の約束日である十二月十五日がやってきた。

しかし、実行されなかった。

日殖銀行から早速呼び出しがきたので、会社に早退届を出して午前中に出かけた。

担当者の高橋主任は私と年齢が近い。高橋主任は、

「仁田さんは東成不動産に支払いの責任があるからそっちに請求してくださいと主張されますが、法的には、私共は東成不動産に対する返済請求権はないんです。あくまでも債務者は野田光男個人であり、彼の所有物件を購入された仁田さんに第三取得者としての代価弁済の責任があるんです。そこのところはよく理解してくださいね」

と言った。

「確かに法律はそうかもしれません。しかし、現実にはお宅から融資を受けた一千六百万円は野田が受け取らないで東成不動産が受け取ったと野田自身も言っているし、東成不動産も抵当権の抹消に関しては、野田に代わって自分のところが一切の責任を

負う、ということを言ってるんですよ。そのことを書いた念書もここにあります」

そう言って、私はこれまで岩佐社長からもらった念書を差し出した。

担当者の言うこともわからないではないが、だからと言って了解できるものではない。了解するということは私たちが多大な被害や不利益を被ることになるからだ。

私は、「とにかく野田は必ずどこかにいるはずですから、野田の行方をいろんな方面から捜してくださいよ。私も、野田がいなくなりました、はいそうですか、では全く納得がいきませんよ」と言って平行線のまま、その日は帰ってきた。

（九）

昭和五十六年になった。家を買って丸一年になる。

世間は正月気分だったが、私たちの気分は重かった。

私たちは、この家に少しずつ生活の根を張ってきていた。私は三十二歳になっていた。

事態がいっこうに進展しないことに、最近の妻は苛立っていた。日曜も祭日も休まないで、あっちこっちと走り回っている私に対して、ぶつけようのない怒りも持っていた。

「私たちも無知ではあったけど、もとはと言えば瑕疵物件を売りつけた東成不動産が一番悪い。とてもこのまま解決したのでは気持ちが治まらない」

と、最近言うようになっていた。

妻の気持ちは私にもよくわかっている。

一月十一日のことだった。その日の朝、妻が言った。

「おとうさん、この家もっと安くしてもらいましょうよ。とても二千万円なんかで買えないわ」

「いくらぐらい安くしてもらうつもりなの？」

「こんなにいろんな問題があって、一年も経つというのにまだ何にも解決していないんだから、二百万円ぐらいは値引きしてもらわないと引き合わないわ」

「二百万？　そりゃ無理だろう。俺はせいぜい四十万から五十万円ぐらいしか要求できないよ」

と言うと、

「とにかく今日行って、岩佐社長に話しましょうよ」

ということになった。

私たちは昼ごはんを食べてから東成不動産に出かけた。

二人の子どもも連れて行った。妻は、何としても二百万は値引きさせるんだ、と意気込んでいた。

岩佐社長としばらく世間話をした。社長は、住宅産業にも以前のような勢いがなくなってきているとか、この沿線の建設会社はどこも経営が厳しくなってきているようだ、などと話した。

値引きの話がしづらいような話を社長はしたが、一段落したところで、妻は思い切って値引きの話を切り出した。

社長はまさか値引きの話をされるとは思ってもいなかったらしい。しかし、私たちに迷惑をかけているという良心の呵責もあったのか、「どれくらいの金額ですか？」と訊いた。

妻は、これまでの苦労を手短に話して、二百万円値引きしてほしい、と言った。

二百万という金額を聞いてびっくりした社長は、急に表情がこわばった。

「二百万？　奥さんは私を脅すんですか」

社長の剣幕に妻も私も驚いた。

しかし、いったん言い出した手前もあって、すぐには引っ込められず、

「それくらいのことは当然でしょう」

と妻が言った。

険悪な雰囲気になった。

社長は、こんな若造どもに見くびられてたまるか、と言わんばかりに険しい形相と態度を崩さなかった。

妻もしゃべらなかった。

しばらく無言の状態が続いた。

お互いに次の一言が出てこないので、私が間に入らざるを得なかった。

「社長はいくらだったら値引きに応じてくれますか？」

私は平静を装って、声のトーンを下げて聞いた。

社長は、しばらく考える素振りをしていたが、

「頑張っても四十万が精一杯ですよ、仁田さんわかってください」

と私の顔を見ながら言った。

私もそれでお終いにしようと思ったが、駄目を承知で、

「社長の苦しいのもよくわかるし、妻の思いもわかるので、もう少し、六十万円値引きしてもらえませんか」

と言ってみた。

社長は、ちょっと間をおいてから、

「先ほどはいきなり奥さんから二百万も値引きしろと言われたので、ちょっと気分を害したが、仁田さんにはこの家で大変迷惑をかけているので、じゃあ六十万円値引きしましょう」

と言ってくれた。

私は、これ以上のことは何も言えなかった。社長の気持ちが嬉しかった。どこまで社長を信用したらいいのか、それは全くわからなかったが、社長の人柄を更に好きになったことは間違いなかった。

社長は売買契約書の二千万円の金額を、一千九百四十万円に書き直し、訂正印を押して、私たちにはコピーの写しをくれた。

帰りの道で、妻が私を見ながら

「おとうさんが助け舟を出してくれたんで本当に助かった〜、どうなるかと思った」

と言って胸をなでおろした。

「女賢しゅうして牛売り損なう、っていうこともあるんだからね」と言いながら私たちは大声で笑いあった。私たちの笑い声に長女も一緒に笑った。

妻は六十万という金額に全く不満を漏らさなかった。逆に、値引きしてもらえたことを素直に喜んでいた。

私たちは何もなければ東成不動産に対して、あと九百四十万円を支払えばいいようになった。


市のほうから、新春のプレゼントのように、建築確認許可の申請を受け付ける、という通知が届いた。「やった〜」と思った。

竹内工務店は事情聴取に応じたんだろうか？　聴取に応じたという話は誰からも聞かなかった。もし応じていれば、どんな行政処分が下されたんだろうか。

市としては、私の家が建蔽率や消防法などの重要な法律に違反していなければ、私たちの生活と家の保全を守るという観点から、取り壊し処分の解除に向けて動き出す結論を出してくれたんだろう、と思った。

違法建築物解除の目途がやっと立ってきたのである。私は早速、このいい知らせを渡辺さん宅に行って報告した。違法建築物を解除してもらわないことには水道を引く許可も下りないので、渡辺さんも素直に喜んでくれた。

建築確認許可の申請を受け付けるということは、必要な書類を作成して市に提出しなくてはならないということだ。

開発事前協議申出書など素人では厄介な書類作成なので、市内の行政書士事務所にお願いして確認許可申請の手続きを行なった。素人では申請に必要なすべての書類を揃えるのは大変な労力だ。

行政書士のもとへも何回も足を運んだ。

書類の中には始末書も含まれていた。なんで俺が始末書を……と個人的には不満もあったが、今はそれを言っても始まらない。あくまでも役所の審査を通ることが肝心だ。

始末書は次のように書いた。

『私は、昭和五十五年一月十六日下記所在地に建築済みの建物を購入し、現在生活を営んでおります。

購入の際、正規の手続きを踏んでの建築物と解釈し購入してしまいましたが、後日違法建築物であることがわかり、そのため現在まで給水を保留されております。

購入にあたり十分調査すべきでありましたが、私の不用意のために瑕疵ある物件を購入してしまったことを深く反省しております。

事後になりましたが、違反是正のための修理等は貴職の指導を遵守して、私のほうで責任をもって行ない、今後貴職にご迷惑をおかけするようなことは致しませんので、何卒寛大なる処置を賜りますよう宜しくお願い申し上げます。』

そして、この申請書類が受理される条件の一つとして、道路として使用している十坪の土地を無償で市に寄附することにした。

すべての要件を揃えて市に書類を提出したのは、昭和五十六年三月三十一日だった。あとは市のほうから確認許可の通知が来るのを待つだけになった。

建築確認許可の申請に要した費用は、すべて岩佐社長が支払ってくれた。

私は相も変わらず、休日は東成不動産に出かけて、抵当権の抹消はいつになるのか、早くしてもらいたい、と督促し続けていた。

日殖銀行もこの問題をいつまでも未処理のままにしておくわけにもいかず、たびたび私のところへ電話を寄こした。

ある時、担当の高橋主任が、

「いつまでもこの問題を放置しておくことはできません。仁田さんが代価弁済に応じるか、また応じてもらえない時には競売にかけるか、のどちらかしかないんです。元金の一千六百万円に延滞利息も加えると、すでに一千七百万円近くになっています」

と言った。

法律のことは詳しくないが、本来的には、私のほうで延滞利息も含めた一千七百万円相当のお金を日殖銀行に支払い、そのあとで私が被った被害額を、私のほうから東成不動産に請求するというのが筋なのかもしれない。

それは何となくわかるような気がする。

しかし、私は所詮、会社勤めの平凡なサラリーマンにすぎないのだ。

一年前に大金の一千万円を支払ったばかりである。すぐまた一千七百万円もの大金を揃えることなど、誰が考えてもできるわけはないだろう。

また、競売にかけられて、この家が他人の手に落札されたら私たちはいったいどこに住めばいいというんだ。あまりにもひどい話ではないか。

私は、

「競売にだけはかけないでください。必ずうまい解決方法が見つかるはずですから」

と言って、日殖銀行の要求を丁重に断り続けていた。

三月十日の日曜日。

建築確認許可の申請書を行政書士事務所で作成してもらっている時期に、私は岩佐社長に会って日殖銀行との経過を話した。

そして、抵当権抹消の目途が具体的にあるのかを訊ねると、岩佐社長は、

「今、運転資金として中小企業金融公庫に六千万円の融資を申し込んでいる。その実行があり次第抹消します」

と言ってくれたので、抹消期日が不明確なまま、そのことを念書にしてもらった。

しかし、こんな念書は何枚書いてもらっても何の役にも立ちはしない。

約束が履行されて初めて念書の価値があるのであって、約束が守られないかぎり単なる紙切れにすぎないからだ。

私は今書いてもらったばかりの念書を見ながら、これもまた紙切れにしかならないんだろうなぁ、という空しい思いにとらわれた。

建築確認許可の申請をして一ヶ月ちょっとの五月二日に、既存宅地確認通知書が市から郵送されてきた。

そして昭和五十六年七月二十日、ひたすら辛抱し、努力してきた甲斐があって、既存建築物としての確認許可を受けるに至った。

市から書類が届いた時は本当に嬉しかった。

何より良かったのは、市からの是正勧告が一つもなかったことだ。建築基準法や消防法などに違反したところは一ヶ所もなかった。無許可で建てられた家ではあったが、法律を順守した建てられ方をしていたのだ。

この許可を受けたことで、家が取り壊される心配は全くなくなった。

バンザ〜イ！　バンザ〜イ！

これでやっと、大きな問題の二つが解決した。所有権の移転登記と違法建築による取り壊し処分解除の大きな二つだ。

加えて、正式に水道を引ける道が開けた。

私は隣の渡辺さん宅へ行って、建築確認許可が下りたので水道敷設申請の手続きを早速行ないます、と話した。もちろん渡辺さんも大変喜んでくれた。

私は喜びを胸に抱いて水道局に行った。給水課の職員は私の家の件をよく知っていた。

給水課の課長に挨拶をすると、「やっと思いが実りましたね。よかった、よかった」と一緒に喜んでくれた。

夏の暑い盛りだった。早速、水道局の指定業者である有限会社田島設備にお願いして、水道敷設の申請手続きを行なった。

水道管の敷設費用は東成不動産が出してくれるようになっている。東成不動産のために工事費用を一円でも少なくしようと思い、本管からの一番近いルートで水道を引かせてもらうように田島設備に相談した。

妻も私も、申請書類が受理されて工事が始まる日を心待ちにして待った。ところが、数日後の夜、田島設備の社長から電話がかかってきて、期待していた工事着工の話ではなく、申請したルートは県の許可がないと水道管を埋設できない、という話を聞かされた。受話器を置くのを待っていた妻が、「いつから工事を始めてくれるの？」と弾んだ声で訊いてきた。

「いや、工事に入る話じゃないんだ。県の許可がないと工事ができないらしい。もうちょっと待ってほしいそうだ」

田島設備のほうで、県の許可を得るための申請手続きをしてみるということであったが、私もどういう内容の許可が必要なのかを自分自身でも知っておきたいと思い、浦和にある県庁へ出かけた。しかし、担当部署が違うと言われて県の土木事務所を紹介された。

土曜日の午前中だった、役所の業務は午前中で終わる。私は電車で移動していたので、無駄な時間を費やしてしまったなぁ、電話で確認しとけばよかった、と内心舌打ちしながら、急いで土木事務所の管理課へ駆け込んだ。なんとか間に合った。

管理課では水道敷設を申請したいきさつを話し、どうしてこのルートが県の許可を受けないといけないのかを訊いた。

担当者は地図を見ながら、

「申請されたこの道路は、河川法によって水道管の埋設ができないことになっているんです」

と言った。

私たちが日常的に通勤や買い物などで使用している川沿いの道路は、実態は堤防であった。堤防には決壊などの危険性があるので、河川法によって水道管やガス管などは埋設してはいけないことになっている、と教えられた。

その説明に私も納得した。

しかし、県に許可してもらわないことには私たちも水道が引けない。せっかく水道が引けるという段階になったのに、また壁ができた。

「何とかなりませんか？」と粘ってみたが、徒労であった。

私は土木事務所を出ると、道路ひとつ隔てた真向かいにある市の庁舎へ行った。道路課に行って事情を話し、川沿いの道路は市へ管理を委託された道路なので、市のほうから県へ働きかけてもらえないか、と相談した。しかし、

「法律があるので県は許可しないでしょうね、県が承諾しないことには市のほうでもどうしようもないですよ」

という簡単な返事が戻ってきただけだった。

川沿いの道路に水道を引く、というルートにしがみついていたのでは、工事に辿り着かないと思い、時間を気にしながら水道局に走った。

そして、給水課に行って、県の許可が要らずに水道をひけるルートを調べてもらった。

「このルート以外にはありませんね」と言って教えてくれたルートは、コの字に曲が

った道で本管からの距離も遠く離れ、地図で測定してみると四百メートルはあった。このルートだと、業者の簡単な見積もりでも工事費用は四百万円以上はかかるという。四百万もの大金を立て替えるのは今の私には無理だし、抵当権抹消ですら未だに解決できないでいる東成不動産に四百万もの大金を出させることは現状では無理というものだ。

県は河川法があるので水道管の埋設に首を縦にふらないし、四百万以上もの費用負担には私も東成不動産も応じる能力がない。

建築確認許可が下り、やっと正式な水道が引けると喜んでいたのに、また暗礁に乗り上げてしまった。隣の渡辺夫妻からは「いつから工事は始まるんですか？」とプレッシャーをかけられた。

野田の行方は全くわからなかった。

その後もサラ金業者に軟禁されているらしいという噂を耳にしたが、どこまでが本当か信用はできなかった。

日殖銀行からは代価弁済の要求が定期的に私の元にきていた。

日殖銀行も野田が行方知れずになったことで、支店長代理が直接交渉の窓口になっていた。私も日殖銀行へたびたび足を運んだ。

そして一つ覚えのように、私たちは悪質な方法で家を取得したのではないこと、法律がどうあれ抵当権の抹消責任は東成不動産にあること、競売にだけは絶対にかけないでほしいと、この三点をいかなる時も訴え続けていた。

私は浮き草みたいなものだった。

風の強さや向き次第で、明日はどうなるかわからない。

日殖銀行は、野田がいなくなった段階で、法の実行に移そうと思えばいつでも移せる立場にいたのである。

私は、日殖銀行との話し合いで、決して日殖銀行の心情を害することのないように気を配っていた。そして一方では、東成不動産に対して一日も早く抵当権を抹消してくれるよう督促し続けた。

周りからは不動産会社を訴えたらいいと言われたが、それはしなかった。

資本主義の社会では、経営者の人柄や努力とは全く無縁のところで、会社の経営が行き詰まることはある。

岩佐社長には大学生を頭に三人の子どもがいると聞いていた。感受性の多感な年頃だ。自分の親が刑事事件や民事事件で訴えられたら、子どもたちもつらい思いをするだろう。

悲しい思いをさせたくないという気持ちが、私たち夫婦の中にあったのは間違いなかった。

それに、岩佐社長も結果としては私たちを騙しているが、これまで社長といろいろなことを話してくる中で、根っからの悪人ではないと思えていたことも一つにあった。

そう信じながら日殖銀行と東成不動産との間で連絡だけはしっかりと取っていた。


夏も終わりに近づいていたある日。

新聞の朝刊を読んでいると社会面の小さな記事が目に止まった。マイホームが競売の危機にあるという内容だった。

記事によると、都内を中心に首都圏で幅広く一戸建て分譲住宅を販売している不動産会社が、同社物件に設定された抵当権を抜かないまま倒産したため、同社より住宅を購入した客がマイホームを競売されそうになるという被害が多数でている。

ただ、同社社長は建設省不動産課に関係書類を提出して、全ての抵当権を抜くという被害者救済策を明らかにした。抵当権を抜かないで販売したケースは計三十五件。同社長は計六十五億円の負債に対し、ほぼ同額の未収金や資産があるので、全ての抵当権を抜くことができる。客の救済を最優先にしてくれるように抵当権者である金融機関にお願いし、一刻も早く解決したいと話している。

という内容だった。

私の場合も似たようなケースだ。

野田は行方不明になってしまったが、東成不動産がまだ倒産しないでいるという、たったそれだけの違いだ。

その日、私は仕事の合間を縫って、新聞記事に出ていた建設省の不動産課に電話をした。

電話口には担当者が出てくれた。私は今朝読んだ新聞記事のことを話し、被害者の人たちが今どういうことをしておられるのか、を訊いてみた。

「仁田さんもその不動産会社の被害者の方ですか?」

「いえ、そうではありませんが、私も同じような状況にありますので参考になればと思い……」

「そりゃ、お気の毒ですねぇ。いや、今のところ取り立ててこういった動きが……とかはないみたいですよ。それぞれが個々に弁護士さんに相談したりはしているみたいですね。あとは私共のほうへ相談に見えたり。まとまって交渉するなんてことはまだ聞いてないですねぇ。仁田さんのほうはどういう状況ですか？」

と親身になって聞いてくれた。

私は担当者に、自分の置かれた状況を大まかに話し、お礼を言って電話を切った。今はただただ東成不動産が倒産しないことを強く願うのみだった。


水道の問題は暗礁に乗り上げたまま、いっこうに進展する兆しがなかった。それでも私は粘り強く県の土木事務所や水道局へ通っていた。

私は川沿いの道路のルートを諦めきれずにいた。私たちが日常普段に道路として使用している堤防、すなわち本管から一番近いルートで水道管を引かせてほしいとお願いし続けていた。このルートが距離も短く工事費用が安く上がるからだ。

表だっては、水道の工事費用は一切を私が支払う、ということにしていた。

そのほうが話を進めていく上で都合がよかったからである。
抵当権の抹消も水道の件も何も解決しないまま、月日だけが過ぎていた。

（十）

昭和五十六年十二月十八日。

この日、私は岩佐社長と抵当権の抹消と水道敷設の件で公正証書を取り交わす約束をしていた。念書はこれまで何枚も貰っていたが、公正証書を取り交わすのはこれが初めてだ。午後一時からの約束にしていた。

私は午前中に隣市にある津野田総合病院に行って、心臓の検査を受ける予定にしていた。小学生の頃にＷＰＷ症候群という、あまり聞きなれない心臓の病気を指摘されたことがあった。生命に別状はないが、疲れたり急に負担がかかったりすると、グッと刺すような痛みに襲われる。

よく現れる症状ではないが、数年に一度忘れた頃に痛みがやってくるので、安心のために検査を受けておこうと思ったのだ。病院の診察は朝一番に行かないと混雑するので八時前には家を出ようと思っていた。が、出かける前に虫の知らせというか、ふと思い立って東成不動産へ電話をしてみた。

社長が電話に出たら、今日の午後からの約束を確認すればいい。そう思って電話すると、聞き慣れない男の声が出た。社長に代わってほしいと頼むと、社長はいない、と言った。

いつもはとっくに出社している時間だ。人よりも一番先に出社するという、社長の信念と性格を私はよく知っていた。

社長と連絡がとれないだろうか、と訊くと、「俺たちも社長の行方を捜しているんだ」と男が言った。俺たちも、という言葉遣いに違和感を感じて、「もしや?」と思った。病院どころではなくなった。病院は後回しにして、東成不動産へ直行した。

予想した通りだった。

正面玄関のガラス窓に、【この建物はフジイ商事で管理しているので、用事のある方は左記へ連絡してください】という貼り紙がしてあった。予感が的中したと思った。会社が行き詰まったらしい。

こうした事態がいずれあるかもしれないと考えていないわけではなかったが、貼り紙を見た時はショックだった。

ガラス越しに中を覗いてみると、三人の見知らぬ顔があった。一晩、事務所に泊まり込んでいた様子は、中の雰囲気でわかった。

黒のスーツを着た男が、両足を机にのせて、椅子にふんぞり返る格好で電話をかけていた。堅気の人間とは思えない。あとの二人は毛布にくるまって応接用のソファーに寝そべっていた。

私は、勇気を奮ってドアをノックした。中にいる三人の男たちがどういう人間であろうが、その時の私にはどうでもよかった。彼らに事情を訊く必要があった。

ドアは内側から鍵がかかっていた。ソファーに寝そべっていた男の一人が、起き上がってきてドアを開けた。

恐る恐る入っていくと、電話をしていた男が振り返って、「何の用だ？」とぞんざいな言葉で言った。

たばこの吸殻が灰皿にあふれていた。応接用のテーブルには、食堂から出前をとって食べた丼と、コーヒーやジュースの缶が散在していた。

ドアを開けてくれた男はまたソファーに寝そべったが、聞き耳は立てていた。

「社長に会いたいんですが、社長はどこにいるんでしょうか？」

と訊くと、

「俺たちにもわからないよ」

と、黒スーツ姿の男が言った。

そして、岩佐社長とはどんな関係なのか、と訊いてきた。

東成不動産から家を買ったが、解決しなくてはならない問題があるので社長に会いたいんだ、と答えた。

東成不動産は不渡りを出したに違いない。だから、彼らが事務所に乗り込んできたのだ。岩佐社長は行方をくらませたんだろうか。

黒スーツの男が、

「岩佐は悪いやつだよな。あんたのような善良な人間を騙してからに。俺たちも昨夜から泊まり込んで岩佐の行方を捜してるんだよ。俺たちもひっかかってな。あんたも大変だろうけど、何か困ったことでもあったら相談にのってやるから、ここを訪ねてきな」

と言って名刺をくれた。

名刺には、玄関の貼り紙と同じフジイ商事と印刷されていた。

表向きは商事会社を名乗っているが、サラ金の類いだろう。

彼らからは、岩佐社長の行方はわからない、ということ以外に何も情報は得られなかった。

私は失望はしなかった。というよりも、まだ実感が湧かなかった。岩佐社長さえ出てくれれば何とかなるという思いがあった。

社長は日頃から、どんなことがあっても逃げたりはしませんからね、と言っていた。今はその言葉を信じる以外になかった。

近くの公衆電話から妻にいきさつを話すと、電話口の向こうで妻も動転していた。何とかなるから心配はしなくてもいいよ、と言ってみたものの妻の心配や動揺は当たり前だった。

病院に行くことはすっかり忘れてしまった。

岩佐社長の住所は前に聞いていたので、自宅へ行ってみた。自転車で二十分ほどかかった。百坪ほどの敷地に立派な家があった。

私たちに迷惑をかけながら、本人たちはこんな立派な家に住んでいたのかと思ったが、恨む気持ちにはならなかった。

玄関に鍵はかかっていなかったが、呼んでも誰も出てこなかった。自転車が置いてあった。前庭のほうへ回ってガラス窓から中を覗いてみたが、特に変わった様子もなかった。つい今しがたまで、そこに生活があったような感じだった。

私は玄関脇のブロックに腰を下ろして、しばらくそこを動かなかった。

どうしようか。いつまでここにいても仕方がない。いったん家に帰って今後のことを考えよう。とにかく、まずは岩佐社長を見つけることだな。

私は内心ひとりごとをつぶやきながら、家へ帰った。

どういう事態になっていくのか、さっぱり見当がつかないが、私には妻とかわいい子どもが二人いる。そう簡単に諦めるわけにはいかなかった。

昼の一時前に市役所近くの公証役場に行った。

一週間前に岩佐社長と一緒に来て、公正証書の内容を確認し合っていた。

この期に及んでという気持ちもあったが、後々のためにも公正証書の一部は貰っておこうと思い直した。

私は公証人の前で午前中の出来事を話した。公証人は私の話に興味をもって耳を傾けてくれた。今後のことにもアドバイスをくれた。

ところが、相談している最中に全く予想もしなかった岩佐社長が姿を見せたではないか。公証人も私もあっけにとられた。

世間一般で倒産というと、夜逃げとか自殺とか負のイメージを連想するではないか。私も岩佐社長がそこまでする人だとは思っていなかったが、私たちの目の前に現れた社長の姿を見た時には本当にびっくりした。岩佐社長は、

「仁田さん、迷惑をかけて本当に申し訳ない！　仁田さんとの約束だけはどんなことがあっても必ず守りますので……」

と言って、公証人の前で私に頭を下げた。

公証人は私の顔を思わず見たが、そのあとは何もなかったように公正証書を作成してくれた。

社長の運転する車で途中まで一緒に帰ってきた。

車の中で社長は不渡りを出したいきさつを話してくれた。

「桜信金の策略にひっかかった。まだ不渡りを出すような状況ではなかったんだが、完全に騙された」と言って悔しがった。

桜信用金庫には運転資金を申し込んでいたらしい。そのお金があればいろいろな文

払いや物件の仕入れなどがスムーズにできて、会社も不渡りを出すようなことはなかったそうだ。

融資の確約をもらっていたので安心しきっておられたんだろう。私の抵当権の抹消も水道敷設の費用も目途がたち、今までのような念書ではなく、約束不履行の場合は強制執行もできるような強い証拠力を持つ公正証書を作成して、私を安心させようと思われたのかもしれない。

社長の話を聞いて、銀行に運転資金や設備資金などを依存しきっている会社は、銀行の胸先三寸一つで、会社を生かすことも殺すことも、どうにでも簡単にできるんだなぁ、ということを恐ろしく感じた。

銀行取引ができなくなった社長は、債権者の理解を得ながら何とかもう一度この地でやり直す、と言った。

詳しい内容はよくわからないが、

「社長頑張ってください、社長ならできますよ」

と、慰めにもならない言葉をかけて、その日は別れた。

長い一日だった。社長への連絡先は教えてもらった。

日殖銀行へは私のほうから電話をした。

支店長代理は、東成不動産が不渡りを出したことはその日のうちに知っていた。どうやって知るんだろう、さすがだ。

こうなると私が矢面に立たざるを得なくなった。

十二月二十日に日殖銀行へ来るように言われた。私はその前日の十九日に、何事もなければすでに住宅ローンの融資を受けていただろう埼葛信用金庫に行って、こうした事例の時の銀行の対応の仕方について訊ねてみた。

「ここまできたら銀行はまず話し合いで解決するなんてことはしないでしょうね」と言われた。

また、長いこと判事を務め、こうした問題の専門家だった人からは、

「銀行の言うように競売にかけたほうがいい。水道もない、人がすでに住んでいる、というような家をわざわざ落とす者はいない。どうせ半値以下にしかならないからキミが落とせばいいじゃないか。銀行も法的な手続きを踏んだという立場が保てるし、キミも安く手に入る。双方にとってもいいんじゃないか」

とアドバイスをくれた。

確かに言われる通りだろう。こんなに多くの問題を抱えた家である。

水道や境界などまだまだ解決しなくてはならない問題も多い。それを考えると誰も落札はしないだろう。

しかし、これは私にとって大きな賭けだった。私に百パーセント落札できるという保証は何もない。

確率は高いかもしれないが、そこに一パーセントの不安材料でもあれば、それに賭けるわけにはいかなかった。私以外の人が落札すれば、私たちは家を出なくてはならないのだ。

前の家に戻ることもできない。それだけではなく、すでに支払った一千万円だって返ってこなくなる。

やはり、困難な道とはいえ、話し合い以外に私のとるべき道はなかった。

いよいよ明日は日殖銀行へ行かなければならない。

野田はいなくなった。東成不動産は不渡りを出して倒産した。

日殖銀行は私を待ち受けている。

日殖銀行はこうした問題解決のプロである。決して損をしないやり方でやってくる。序の口の力士が、横綱に挑戦するようなものだ。しかも相手の土俵の上で相撲をとるのである。まわしを一回もさわらぬうちに、指一本でひねり倒されてしまうだろう。私はなんとか流れを私のほうへ変えさせる方法はないものか、いろいろ考えた。

ああ言われたらこう言おう。

こう言われたらああ言おう。

ない知恵を絞って考えた。

忘れないようにと、いろいろな場面を想定して問答集を帳面に書いていった。夜も十二時を回った。

私はふと手紙を書くことを思いついた。

どれだけの効果があるかわからないが、口先で立派なことを言うよりも、文字にするほうがはるかに信頼できる、と思った。

いい加減なことは書けない。

一千六百万円程度の金額だったら、支店長に決裁権があるかもしれない。それなら、支店長宛に手紙を出そうと決めた。

紙とペンを用意していざ書こうとしたが、なかなか言葉が浮かばない。私はしばらく考えて、要旨をまとめてからペンを走らせた。

手紙を書き始めた。

『私は昭和五十年七月に九州から上京しました、今から六年前です。私が住んでいた町は、そのほとんどがＫＳ企業とその関連会社、そしてそこに働く従業員の人たちの財政に頼っているのが実情です。

そのＫＳ企業も、昭和五十三年に経営危機に追い込まれて、政界や財界をあげての救済劇が繰り広げられました。

当時の町は、ＫＳ企業の経営不振のあおりで町全体に活気がなく、市内に住む人たちにとっては灰色の生活しかありませんでした。

私もまだ若いし将来に夢もありますので、ひとつ東京へ出て頑張ってみようと心に決めて、はずかしい話ですがポケットに十八万円を入れて上京しました。私の妻は、当時県立の高校で英語の教師をしていました。東京で目途が立ったら必ず一緒になろうと約束していましたので、私も東京で懸命に働きました。

昭和五十三年に埼玉県のＫ市に、中古物件ですが一戸建ての住宅を取得することができましたので、約束通り結婚をし、現在では一男一女の子どもをもうけて幸せな生活を営んでおります。私は、人に浪花節みたいな生き方をしているとよく言われます。煙草は吸いませんが、酒は父親ゆずりで大好きです。

私の父は石工の職人で、石垣を積んだり、墓石を作ったり、また冬の寒い日に海の中に入って護岸工事の作業をしたりしていました。そして、その腕と誠実な仕事ぶりが評価され、祖父や父や私が卒業した小学校の創立百周年を記念した立派な石碑を、父の名前入りでその発祥の地に建立しました。

私はそういう父を誇りに思い、お天道さんの下で黙々と汗水流して働いている父の姿を見て、小さい時から働くことの大切さを教えられてきました。

私は賭け事は一切やりません。そういうことを言うと、変哲で趣味も楽しみもない男のように思われそうですが、山に登ったり野球をしたり、バドミントン大会に参加したりして、仕事以外にも結構私生活をエンジョイしています。

さて、私は今回の件で、被害者としてまかり間違えば一家が路頭に迷うような状況に追い込まれています。私は、今回の物件を購入するにあたり、これまで住んでいた家を下取りに出して、その差益分の一千万円を東成不動産にすでに支払っています。

その一千万円は、当然今回の物件の抵当権の抹消費用に充当されるべきであったにも拘わらず、実際には東成不動産の運転資金に流用されたものと思います。

私は不動産に関しては専門家ではなく一介の物件購入者でしかありません。ましてや東成不動産の経営内容に関して、その状態まで知る由はこれっぽちもありませんでした。

契約した日は昭和五十五年一月十六日で、契約書にうたわれています抵当権の抹消期日は、同年二月末日までとなっています。

私はこれまでの人生経験の中で人から裏切られたこともありませんし、またそういうことを普段から考えたこともありません。人間関係におけるすべての行為は、信義誠実の原則の下で行なわれるものと信じています。

私は自分の責任を回避するわけではありませんが、今回の物件を購入するにあたり、公共性の高い貴銀行の抵当権が設定されている物件であるだけに、その物件を信用し、また二月末日までに東成不動産も抵当権を抹消してくれることを信じて購入いたしました。私たちは二月十日に引っ越しをしました。

しかし、入居後一ヶ月近く経った頃に市の職員が自宅を訪れ、この家は違法建築物なので取り壊し処分になると告げられた時には、心底驚きました。

私は市の担当者から詳しい事情を聞くにつれ、市街化調整区域に、しかも無許可で建てられた家を何も知らない私たちに売りつけた東成不動産と、その物件に調査もよく行なわずに抵当権を設定した貴銀行に対して怒りが湧いてきました。

建ててはならない土地へ、市や県に許可申請もしないで家を建てる。しかも土地形状は法務局に登記されている公図とは違っているし、水道に関しては今でもまだ引かれていない状況です。

私は何はさておいても、取り壊し処分になることだけは回避しなければならないと、何回も何回も市に足を運び、話し合いを行なってきました。

幸いにも、周囲の人たちの協力を得ることができ、今年の七月にやっと既存建築物としての確認許可を受けるに至りました。

もし、私の努力がないならば、この家は当然違法建築物としての処分がなされていたものと思います。

また、私は抵当権の抹消に関しては心休まる日は一日としてなく胸を痛め、東成不動産の岩佐社長とはこれまでに何回も何回も話し合ってきました。

私が支払った一千万円が運転資金に流用されたことに対する怒りはありましたが、岩佐社長に資金繰りで困っていることを訴えられると、心情として待ってやらざるを得ませんでした。私は小さい時から困った人を見ると、何とか手を差しのべないではおれない性分でした。そういうところがみんなに浪花節的だと言われる所以なのかもしれません。今回はそれが最も悪い結果として現れました。

私は、岩佐社長の背広姿を見たことがありません。いつも作業服に身を包んで飛び回っておられる姿が印象的です。

結果として私は岩佐社長に騙された格好にはなりましたが、社長を見ていると最初から私を騙すつもりはなかったと思っています。

かと言って、私は岩佐社長を弁護しているのでは決してありません。

岩佐社長にも責任をとってもらわなくてはなりません。

私には妻とかわいい子どもが二人います。来年の三月には三人目の子どもが生まれる予定です。私は家族を路頭に迷わすわけにはいきません。

私も人にこそ言いませんが、今回の件ではこの二年間というもの心を痛め、時間を費やし、そして結果として最悪の事態にはなってしまいましたが、自分なりには最善の努力をしてきたつもりです。
支店長さんは私よりあらゆる面で人生経験の豊富な方です。私には考えもつかないような最善の解決方法を必ずお持ちのことと固く信じています。
人の心と生活を粗末に扱わない方法と手段を選択してくださることを切にお願いいたします。
昭和五十六年十二月二十日
仁田　芳樹
日殖銀行　浦和支店長様』

書き終わったのは深夜の三時を過ぎていた。
十二月二十日の朝を迎えた。
私は手紙を持って日殖銀行に行った。もう何回も足繁く通ったところである。
日殖銀行からは、支店長代理と担当の高橋主任が応対した。
東成不動産が不渡りを出したことが話題になった。
「仁田さんもびっくりされたでしょうね」と支店長代理が言った。

私も、その日の出来事を手短に話した。

「こうなってからでは遅いかもしれませんが、あの日の午後に岩佐社長との間で公正証書を作成したんですよ」

と言って、抵当権の抹消責任は東成不動産にあることを認《したた》めた公正証書を見せた。

支店長代理は公正証書に目を通していたが、

「すみませんが、これコピーさせてください」

と言うと、事務員を呼び寄せた。

話は本題に移っていった。支店長代理が話を始めた。

「先ほど見せてもらった公正証書ですけどね、確かに抵当権の抹消は東成不動産が責任を負うと明記されておりますよね。その通りに東成不動産が抹消してくれれば一番望ましいことですよ。しかし東成不動産は倒産した、もう無理でしょう……」

説得するような穏やかな口調である。

「高橋のほうからも説明はしていると思いますが、うちとしても、この問題をいつまでも未解決にしておくわけにはいきません。仁田さんが物件を購入されてから、もうそろそろ二年になりますからね。野田の行方はわからない、東成不動産は倒産した、私たちは仁田さんのところへしか話の持っていきようがないんです。法律的には債務者の野田が返済すべきなんですが、こうした事例の場合にはその物件を購入された仁田さんにも代価弁済の責任が生じるんです。私たち銀行のほうからは東成不動産に対しての返済請求権はないんですよ。そこのところは仁田さんもいろいろ勉強しておられるでしょうから理解してもらえますよね」

支店長代理の言う通りであった。

だからと言って、私も、「はい、その通りです」というわけにはいかないのだ。

支店長代理は隣に座っている高橋に、残高は今いくらになっているのか、と訊いた。

高橋は、まだ一度も返済がないので融資した一千六百万円に延滞利息も加えて一千七百万円にはなります、と概算を答えた。支店長代理は、

「正確な数字は後で出しますが、どうですか、一千七百万円の支払いに応じていただけませんか？」

と、私の顔から目を離さないようにして言った。私はしばらく考えるような振りをしていたが、

「一千七百万円という大金はとても払いきれません。家族みんなで首くくれって言わ

れるんですか」

と断った。

支店長代理も最初からいい返事をもらえるとは思っていなかったようで、

「そうですか、一千七百万円の支払いは無理ですか。さて、どうしよう……」

と言って腕組みをした。

しばらく双方とも黙っていた。

電話がかかってきて高橋が席をはずした。支店長代理はやおら腕組みしていた手をほどきながら、「仁田さんはいくらだったら支払えますか。参考までに聞かせてください」と言った。

私はいろいろな問題さえなければ、東成不動産にあと九百四十万円を支払えばいいのだ。そのことが頭にあったので、「九百四十万円までだったら支払えますが、それ以上は無理です」と答えた。

「仁田さんそれは無茶ですよ、銀行は被害者ですよ。仁田さんは自分も被害者だと思っておられるかもしれませんが、私どもの立場からすればあなたは加害者の一人なんですよ。そんな金額では話の進めようがない」

温和な支店長代理もこの時は少しばかり語気を強めた。

支店長代理の言葉の中に、立ち退きや競売という言葉が出てくるようになった。

私は、「絶対に競売にはかけないでください。話し合えば解決できる問題ではないですか」と何度もお願いした。

話し合いは今回もこれまでのように平行線をたどった。

私は支店長代理に、昨夜書き上げた手紙です、ぜひお読みになってください、と言って昨夜の手紙を手渡した。

高橋は席を立ったまま最後まで戻ってこなかった。


私は、家の問題を理由にして会社を休まないようにしていたが、さすがに東成不動産が不渡りを出した十二月十八日から日殖銀行に呼び出しを受けた二十日までの三日間は、会社を休まないではおれなかった。

会社に行っても仕事が手に付くわけがない。

二十日に日殖銀行に行って話をしてきたものの、今後どのように話が進んでいくのかは全く見当がつかなかった。取りあえずは手紙を渡してきたので、その結果を待つことにした。

二十一日は出社した。朝礼が終わって事務所に戻ると、早速工場長に呼ばれた。

私は職場を三日間も休んだことと、心配をかけたことのお詫びを言った。

「話はついたのか？」と訊かれた。部長や同僚の課長、係長たちも心配顔で集まってきた。

私は当初十八日の一日だけを休むようにしていた。午前中に病院へ行って心臓の検査を受け、午後からは公証役場に行く予定にしていたからだ。

ところが一転して状況が変わったのだ。もちろん、会社には休みの連絡をしていた。

私は十八日から昨日までの三日間のことを工場長に説明した。

私の話を聞き終わった工場長は、

「お前、そんな大変な問題をなぜ今まで黙っていたんだ。お前一人で解決できるような問題じゃないじゃないか。とにかく、会社の顧問弁護士に電話をするから、これから行って相談してこい！」

と言って、目の前の受話器をとった。顧問弁護士は、午後から本社に行く、というので本社で会うことになった。

事務所では、最初はみんな私の話を我がことのように聞いていたが、やがて口々にああでもない、こうでもないとしゃべり始めて、午前中は誰も仕事にならなかった。勤務時間中の私語を喜ばない工場長も、この時だけは黙認していた。

午後から東京にある本社へでかけた。受付の女性から最上階にある社長室に案内された。

会社は世間でもよく知られた有名な大手企業である。エレベーターのドアが開くと、目の前には厚手の立派な絨毯が敷き詰められたフロアがあった。

社長室に入るのに私は躊躇した。

弁護士はまだ来ていない。

社長は執務中だったが、前もって工場長から連絡が行っていたので、私の名前を聞くとソファーに腰掛けるように促してくれた。

「家の件で困ってるんだって？　午前中に工場長から電話があったよ。どうしてもっと調査をしてから買わなかったんだ、君らしくないじゃないか。弁護士は私の戦友で、気が置けない間柄だから、何でも遠慮せずに相談しなさい」

と言ってくれた。

社長を遠くから見たことはあるが、このように直接会うのは初めてだ。だから社長が私のことを知っているわけはない。

その社長が私のことを、君らしくないじゃないかと、さもよく知っているような言い方をされたのにはちょっと驚いたが、内心では嬉しかった。

人の上に立つ人は、こういう言葉が何の違和感もなしに自然にサラッと出てくるのかもしれない。そういう気配りができるから、人の上に立っておられるのかもしれないと思った。

私は社長の執務の邪魔をしてはいけないと思い、応接ソファーに小さくなっていたが、社長のほうからいろいろと話しかけてくれた。

しばらく今回の家の問題を話していると、弁護士が社長室に入ってきた。

社長が簡単に紹介してくれた。

弁護士は六十歳過ぎで紳士然としておられた。今はもうなくなってしまったが、ある大きな政党の中央本部の顧問弁護士もしているとのことだった。

社長と弁護士が聞き役で、私は自分のお粗末さを暴露するようなものだった。

相談に乗ってもらいながらこんなことを言うのは甚だ不謹慎だが、いろいろアドバイスを受けたものの、気持ちはすごく空しかった。なぜかと言うと、結局は自分の頭で考え、自分の力で解決する以外に道はない、ということを実感したからだ。

（十一）

昭和五十七年になった。家を買ってから丸二年が過ぎた。

父の容態が芳しくなかったので、正月の休みに三歳になったばかりの長女を連れて郷里に帰った。

父は病院のベッドで横になっていた。

痛々しいまでに痩せていたが、長女の顔を見て微かに喜んでくれた。

もう以前のように元気にはなれない、と本人が一番わかっているようで、気力もすっかり衰えているのが私にもわかった。

口を動かすのもつらそうだったが、弱々しい声で、

「三十そこそこでりっぱな家を持って、お前も東京で頑張っているな。誰にでもできることではないからな」と言ってくれた。

今は住宅ローンの制度があって、その気になって頑張れば年齢が若くても自分の家

を持てる、ということを父も知ってはいただろう。しかし、父が素直に喜んでくれているので、私はあえてそうした制度のことを話そうとは思わなかった。

一月の半ばに日殖銀行から職場に電話がかかってきた。仕事が終わってからでいいので、都合がつくなら来てくれないか、とのことだった。

職場を定時に終わり、電車を乗り継いで日殖銀行に行った。日殖銀行に着くと、担当の高橋が一人で待っていた。

支店長代理が応対する予定でいたが、急用ができてつい先ほど外出した、せっかく来てもらったのに申し訳ない、と平謝りをした。

私は内心ホッとした。頭の中でまだ解決のすじ道が描ききれていない中で、どんどん結論を求められるのが非常にしんどかったからだ。

支店長代理がいないので、今日のところは結論を急がされる心配はなかった。応接椅子に腰をおろすと、女性行員がお茶を出してくれた。

高橋は、返済の滞った案件の処理を担当していた。

「最近、私のような事例は多いんですか？」と訊いてみると、「結構多いですよ。回収に時間がかかるので頭が痛いです」と言った。

「どういう原因が多いんですか？」

「原因はいろいろですよ。会社が倒産して失業したとか、怪我や病気での入院、ひどいのになるとギャンブルに狂ったりとかね」

「じゃぁ、百パーセントの回収なんて無理ですね」

「もちろんですよ……。仁田さんはその後どうですか？　目途は立ちましたか？」

「目途が立つどころか、一千七百万円ものお金はありませんよ。前回も支店長代理には話しましたが、九百四十万円が精一杯です」

と言うと、高橋は一瞬、顔を曇らせるような表情をした。

「ところで高橋さん、私は前々から一度訊こうと思っていたんですが、どうしてあんな違法建築の建物に抵当権を設定されたんですか？」と、私は訊ねた。

高橋はすぐに言葉が出なかったが、

「そういう話をして、どうするんですか？」と言った。

「どうするつもりもありませんけど、公共性の高い、お客さんの大切なお金を預かっておられるおたくのような銀行が、どうして違法建築の建物なんかに融資をされたんだろうかと思ったものですから」

「それは内部で処理していますので、仁田さんには直接関係ないですね」と高橋は言った。

「いや、大いに関係ありますよ。私はあなたの銀行が抵当権を設定している物件なんで、それを信用して買ったんですからね。無関係ではありませんよ」と言った。

「どうしても知りたいんでしたら、次回説明させてもらいます……」と高橋は言った。

高橋は、私の話をしっかりとメモしていた。上司に報告するのか、記録として残しておくのか、それはわからない。

「一千七百万円という、おたくの銀行にとっては一円も損をしないような金額を私に提示されることに私は納得いかないんです」

私は、本来なら支店長代理に言いたかったことを高橋に言った。

兄から、父は無理みたいだと電話がかかってきたのは二月も半ばだった。そして、その言葉通りに二月の末に他界した。

父は生前、一度だけ今の家に来てくれたことがあった。前年の梅雨時期の六月で、もうその頃には癌細胞が父の身体を深く蝕んでいた。

父は息子の家を手入れすることに喜びを感じ、庭に生えていた雑草をきれいに採ってくれた。風呂場にタオル掛けを作ってくれて、庭には葡萄棚も作ってくれた。

父の瞼に、死の直前まで焼きついていただろうこの家を、競売などで人手に渡してはならないと思った。

二歳と一ヶ月になった長男を連れて、父の告別式のために郷里に帰った。

葬儀も無事に終わり、夕方親戚中の者が実家に集まって、父の思い出などを語らっていた。何もわからない長男は、私の膝に大人しく座っていたかと思えば、みんなの背中にまわって愛嬌を振りまいていた。

親戚の者たちは、沈みがちな雰囲気を長男が和ませてくれるので、かわいい、かわいいと言って、みんなで長男をかわいがってくれた。

よく見ると、長男の着ているズボンの尻が破れて穴があいていた。母が長男を摑まえて抱き上げた時に気付いたのだ。

「まぁ、この子のズボンに穴の開いとる」と言って大笑いした。

母は嬉しかったのだ。

しかし、デパートに勤めている兄が、「父ちゃんの葬式の時ぐらい、ちゃんとしたズボンば穿かせてこい！」と私を怒った。

兄にも息子が二人いて、上の子も三歳になっている。デパートに勤めているだけあって、きっと普段からブランド品の洋服を着せているんだろう。

親戚のおじやおばが、「何の悪かもんか、小さかうちはこいでよかと！」と言って私をかばってくれた。

実際、私も妻も普段から着るものに関しては無頓着すぎるほどだった。子ども服は知り合いや隣近所の人たちからのお下がり物ばかりだった。

有り難くいただくと皆さん喜ばれるし、私たちも経済的に助かる。子どもはすぐに成長して大きくなっていくんだから、お下がり物で十分だ。

おじやおばの言葉が本当に嬉しかった。

三月に入って、日殖銀行には私のほうから訪問の日にちを連絡した。

前もって連絡していたので、支店長と支店長代理の二人が待っていてくれた。支店長に会うのは初めてだった。

支店長はもちろん私の件を詳しく知っていた。お互いに簡単に自己紹介し合い、ソファーに腰をおろした。

「仁田さんも大変ですね」

支店長が同情するような言い方をした。東成不動産の倒産のことを言ったのだ。

「ええ、私もこういう事態になるとは思ってもいませんでした」

支店長代理は横でうなずいていた。しばらく三人で野田の行方や東成不動産の倒産のことなどを話した。

やがて支店長が支店長代理と私に、「では、あとはよろしく頼みますね」と言って席を立った。支店長代理と私の二人だけになった。

「電話で伺ったんですが、お父さんお亡くなりになったんですね」

「ええ、癌には勝てませんでした」

「そうですか、それはお気の毒でしたね………。ところで、仁田さんからいただいたお手紙ですが、支店長も私も読ませてもらいました。これは余談ですが、仁田さんは文才がありますね。道を間違われたんじゃないですか、小説を書いたらどうですか」

と支店長代理が言った。

「文才があるとは思っていませんが、ありがとうございます。手紙を書く時は私も必死でした。人間必死になれば思わぬ能力が出てくるのかもしれません」

社交辞令とはわかっていても、褒められて悪い気はしないもんだ。

「ところで、この件の解決方法ですが、仁田さんの希望通りに話し合いで解決することにしましょう」

「えっ、本当ですか？　それはありがとうございます」

私は支店長代理に深く頭を下げた。そして、手紙を書いて本当によかったと思った。手紙の効果があったのだ。

「ただし、これは前にもお話しした通り、銀行は被害者なんです。仁田さんも損な立場にいることには間違いありませんが、銀行だけが一方的に損を被るというわけにはいきません。仁田さんも多少の損害を被ることになるのは覚悟しておいてくださいね。そうしませんと話し合いになりませんのでね」

「もちろん、私もそのつもりでいます。しかし、私にも支払い能力の限界がありますので、それは考慮してください」

支店長代理は一瞬うなずいた後で、ちょっと待っていてくださいね、と言って席を立った。私は、競売だ立ち退きだといった法的な争いを回避できたことに、まずはホッとした。

しばらくして、支店長代理が戻ってくると、また話を始めた。

「前回来ていただいた時には、私も急用ができて申し訳なかったですね。あとで高橋のほうから報告を受けたんですが、違法建築物に抵当権を設定した銀行の責任はどうなっているんだ、ということを指摘されたそうですね」

「ええ、これは銀行の不手際じゃないかと思いましたので……。手紙にも書いていますが、私にも大いに関係があることなので、先日高橋さんにお訊ねしました」

「そうですか……。私たちが融資をする時には勿論調査は念入りに行ないます。あの物件に融資した時のことを簡単にお話しますと、仁田さんが指摘されたように確かに建築確認許可を取っていなかったんです。私たちも通常でしたら、こうした物件の融資には慎重になるんですが、申し込み人から今確認申請中だという話があったんです。私たちも裏付けを取るために市の建築課に電話をしました。そしてそのことを聞きましたら、電話口に課長さんが出てくれましてね。あの家は近いうちに確認許可を下ろす予定でいるという回答が返ってきました。そのことは私たちの台帳にもきちんと書かれています。私たちは、役所の課長さんからの回答でもありましたので、それを信用して融資を行ない、抵当権の設定をしたんですよ」

「しかし、あの家の許可申請をしたのは私ですよ。しかも許可になったのは購入して一年半も過ぎてからです。その話は本当ですか？」

「間違いありません、記録にも残してありますので……。ただ、なぜあの時に課長さんが近いうちに確認許可を下ろすと言われたのか、それは私たちにもわかりません」

私には信じ難い話だった。

市は、あの家が建築確認の申請もしないで、建築中だったことを知っていたことになる。それならなぜ、建築が始まったばかりの頃に行政処分をしなかったんだろうか。

しかも、今の支店長代理の話では、市の建築課は確認許可を下ろす予定でいたとは……。いったい、どういうことだろうか。

確認許可をもらうために、私は何度も何度も市役所に足を運んだ。

謂われのない始末書まで書かされた。

市の行政にも闇の部分があるんだろうか。

「これはここだけの話にしましょう」と支店長代理は軽く言った。今更、話を蒸し返しても仕方がないんだろう。

応接室のドアが開いて高橋が入ってきた。持ってきた書類を支店長代理に渡すと、本人も隣に座った。

支店長代理は書類に目を通していたが、穏やかな口調で、

「延滞利息も加えると一千七百万を超えているんですね」

と確認するように高橋の顔を見た。

野田の名義で融資をしてから、すでに三年以上は経っている。支店長代理は身を乗り出して、メモ紙に具体的な数字を書き出していった。支店長代理が書き出していった数字の中には、私たちがこの二年近くただで住んでいた分の家賃相当額も加えられた。

その数字をひとつひとつ説明していきながら、最後に、

「以上のようなわけですが、どうですか。細かいところは抜きにして一千四百万円で和解してもらえませんか？」

と言った。

一千四百万というと、銀行と私のほぼ中間の金額だ。私はしばらく無言でいた。

呑もうか呑むまいかを思案していたのではない、どう断ろうかを真剣に考えていたのだ。

「今おっしゃった一つ一つの数字には納得いきますが、私にはとても一千四百万円は支払えません。水道だってまだ解決していませんし、これだっていざ引くとなると五十万や百万の金額では済まないんです。それに、銀行が被害を受ける百万円と、会社勤めの私が被害を受ける百万円とを同じ天秤にかけるのは不公平ですよ。とても一千四百万円は支払えません。銀行だって私たち家族を路頭に迷わす権利はないはずです」

と、最後のほうは力なく答えながら断った。

横で聞いていた高橋が、「私たちも仁田さんのご家族を困らせようとは思っていませんよ」と言った。

「ええ、それはわかってます。しかし、私たち家族にとっては死活問題につながる金額ですからね、一千万円だってきついのに……」

と私は言った。

金額の折り合いはつかなかった。

私は、岩佐社長とはその後も連絡をとって数回は会っていた。本来なら一千七百万円のお金を岩佐社長が支払ってくれれば、何の問題もないのだ。

それを果たさないまま会社は倒産した。銀行取引は停止になり、営業員も事務員も辞めていった。

岩佐社長は、大事な社員も事務所も失ったが、何とかこの地で立ち直ろうと努力していた。仕事もほとんどなくなってしまったと言いながらも、ここで頑張っていればまたいつかは以前のように周囲も理解してくれて、今までのようになるという希望を捨てないでいるのだ。

私は日殖銀行との話し合いの経過は、必ず岩佐社長に知らせていた。

「銀行との間で和解が成立したら、仁田さんが損した分は間違いなく私のほうで工面しますので、勘弁してください」と岩佐社長は言っていた。

岩佐社長を見ていると不思議なもので、この人のためにも一円でも二円でも少ない金額で和解を勝ち取ろうという気持ちになってくるのだ。

もちろん、そんなことは日殖銀行の前では一言も言わなかった。あくまでも和解金額の全額を私が支払うということにしておいた。

支店長代理からはその後も何度も電話があり、呼び出しも受けた。

一千四百万円の金額に私がなかなか納得しないので、一千三百万円の提示になった。

私は、

「銀行が仮に五百万円損をしても、全額が貸し倒れとして経費で処理できるでしょうが、私の損する百万円は全額を生活費から出さなくてはならず、一円も経費にはならないんですよ」

と言って、一千三百万円の提示も拒否した。

仕事を終えて家に帰ると、妻が、

「おとうさん、先ほど支店長代理さんから電話があって、明日でいいので電話をください って」

と言った。

私は翌日、会社の公衆電話から支店長代理に電話をした。銀行としてはどうしても一千三百万円でないと和解に応じられない、と言われるのではないかと不安だった。

しかし、その不安は支店長代理のほうから消し去ってくれた。和解金額一千二百万円でどうかと提示してくれた。これ以下の金額では本店の稟議を得るのが難しい、ということだった。

私は一千百万円にはならないでしょうかと粘った。支店長代理は、一千二百万円が限度だと言って譲ろうとはしなかった。

昭和五十七年三月三十日、妻は三人目の子どもを出産した。男の子だった。長男の出産の時に救急車を呼んで怒られたので、今回は予定日の一週間前に病院に入院した。

病院は長男の時と同じ津野田総合病院だ。出産後も三日間入院した。

長女は三歳四ヶ月に、長男は二歳二ヶ月になっていた。

妻が入院している間の二人の世話はすべて私がした。朝はとにかく戦争だった。七時半前に家を出なくてはならないので、着替えをさせ、食事をとらせ、トイレも終わらせて、家の近くの家庭保育室に連れて行った。

会社には事情を話し、妻が退院をするまでの間、定時に退社させてもらった。

家に帰っても戦争だった。家庭保育室に迎えに行き、夜の食事を作って食べさせ、風呂に入れ、歯を磨いて寝かしつけた。

それから茶碗を洗い、洗濯をして干した。自分の時間は全くなかった。

しかし、毎日が戦争状態ではあったが、子どもと一緒にいるのは楽しかった。妻が退院してくると家の中は更に賑やかになった。長女と長男は下に弟ができて喜んだ。

いろいろ解決しなくてはならないことがたくさんあったが、子どもたちはそれらのことを忘れさせてくれた。私たちにとって三人の子どもは本当に宝だった。

昭和五十七年四月二十二日。

私宛に一通の内容証明書が送られてきた。

日殖銀行からで、中身は滌除権《てきじょけん》行使の通知だった。

『昭和五十五年六月十九日、貴殿が所有権移転登記を設定された左記不動産は、昭和五十四年十一月一日債務者野田光男と約した抵当権設定契約により、当社が抵当権を有していますが、右債務者は債務の履行をしないため当社は抵当権の実行をしたいと思います。つきましては、貴殿に対して滌除権行使の機会を与えるため民法三百八十一条の規定により通知致します』という内容だった。

私は滌除権という法律用語を聞いても、何のことか全くわからなかった。

六法全書を取り出して、民法三百八十一条とその前後の条文を読んでみて、やっと理解ができた。

簡単に言うと、

『抵当権者が競売手続きを踏む前段階として第三取得者に対し、あなただったらこの物件をいくらで買い取ることができますか、その金額を言いなさい。もし私たちがその金額に納得いくなら、競売にかけないでその金額であなたに売りましょう。しかし、あなたの言われる金額が低すぎて、私たちがどうしても納得しきれない時には競売にかけますよ。一ヶ月以内に返事をください。返事がない時は滌除権を放棄したものとみなし競売手続きに移ります』ということだった。

滌除権について理解することはできたが、そんなに驚きはしなかった。

すでに日殖銀行は、競売にはかけない、あくまでも話し合いで解決すると約束してくれたあとである。

それに、そのあとで支店長代理からも、「滌除権の行使はされなくてもいいですよ」という電話もかかってきた。

日殖銀行としては、和解に向けた事務手続き上の文書という位置付けに考えていたようである。私もそのまま放っておいた。

その後、しばらくは日殖銀行から何の音沙汰もなかった。

私は逆に心配になって一度電話をかけてみると、支店長代理から、一千二百万円で稟議が通るかどうか、今本部へ打診しているところだ。もうしばらく待ってほしい、と言われた。

（十二）

日殖銀行から連絡がくるまでの間に、私はこれまで放っていた土地問題にチャレンジしようと決心した。

土地の境界を巡るトラブルは世間でもよく聞く話である。揉め事としては一番厄介な問題になるのではなかろうかと思い、これまであまり気乗りがしなかった。気が乗らない時にいろいろ取り組んでも、いい結果は出ないに違いないと思ったからだ。

しかも隣の家は所有者はいるが、今のところは空き家である。トラブルになる心配はないので、私は解決のための取り組みをこれまでずっと延ばしていた。

しかし、いつまでも放っておくことはできない。いずれは解決しなくてはならない問題なので、私は重い腰を上げることにした。

私は公図と土地面積の違いについて、まず誰が測量をしたのかを法務局に行って調べてみた。

法務局で公図を閲覧させてもらうと、昭和五十四年四月二十日の日付で、県の南部に住む土地家屋調査士が測量したことが記載されていた。早速この調査士に電話をして、一度現地に来ていただきたい、と依頼した。

なぜ現況の境界石が測量図と違ったところに打ち込まれブロックが積まれたのかを知りたいからであった。調査士は測量の免許も持っておられた。

空き家になっている隣の家と土地は、東京都内に住む北川さん所有物だ。市の職員がずいぶん前に『取り壊し処分』の貼紙をして帰った後に、一度北川さんは家の様子を見に来ておられた。

私も妻もあいにく外出していたので北川さんに会うことはできなかったが、私の家の郵便受けポストに、北川さんの名刺が入れてあった。名刺にはボールペンで一言、「隣の北川といいます、よろしくお願いします」とだけ書いてあった。

その名刺を頼りに北川さんに電話をして、土地家屋調査士が来る日に立ち会ってもらうことにした。

抵当権の抹消で奔走している頃と重なるが、昭和五十七年五月だった。引っ越してからすでに二年は経っていた。

陽気のいい日だった。

午前十時と約束してあったが、調査士が来たのは十時をかなり過ぎてからだった。

北川さんは十時前にタクシーで来た。年齢は七十歳を過ぎておられるだろうか、和服姿で、足が不自由とみえ、杖をついておられた。

調査士がなかなか来ないので、北川さんに初対面の挨拶をして、しばらく世間話をした。北川さんは、それまで私が抱いていた印象とはかなり違っていた。

金融業というので、何か威圧的で胡散臭い印象を持っていたのだが、実際に会ってみると、しゃべり方も穏やかで、そこらへんの好好爺という感じだった。

北川さんが最初に言ったのは、仁田さんにはほんとにお世話になりました、感謝していますよ、というお礼の言葉だった。

何のことかというと、北川さんの家も私の家と同様に、取り壊し処分の対象になっていたので、市の呼び出しに応じて市役所に出向いたそうだ。

どういう事情かは知らないが、市のほうは大変厳しい態度で北川さんに応対したらしい。私の時とは大きく違っていたようだ。

金融業の仕事をしておられるので、取得する際に後ろめたい行為があったのではないかと勘ぐられたのかもしれない。

そして、市のほうから話の最後に、今、隣の仁田という持ち主が取り壊し処分撤回のために奔走しているので、あなたはしばらく静観してたほうがいい、というようなことを言われたそうだ。それを言われた北川さんは、私の結果をじっと待っていた、と言った。正解といえば正解だったのかもしれない。

「私の家が生き返ったのは仁田さんの努力のおかげですよ」と会う早々に言ってくれたので私も嬉しかった。

やがて調査士が歩いてやってきた。車は川沿いの見えないところに停めていた。三人で簡単に自己紹介をした。

調査士は作業着姿で、スコップを持ってきていたが、私と北川さんの顔を用心深く観察するように見ていた。

私は二人に、市の職員から指摘された経過を話して、公図と現況の地形が違っていることを確認してもらった。

調査士は、測量した当時の図面を見ながら、実際にメジャーをあてて寸法を確認していった。私たちは調査士の後ろをついてまわった。

調査士は確認した結果をもとに、確かに仁田さんの言われる通り違いますね、と言った。

そして、本来ならここに境界石が埋まっているはずですが……と言いながら、そこをスコップで掘り返してみたが、境界石は出てこなかった。

調査士はなぜか落ち着かなかった。

私が、「なぜ測量図と現況が違うんでしょうか？」と訊いてみると、調査士も首をかしげながら、自分にもわからないと言った。

調査士は、一刻も早くこの場から立去りたい様子だった。遅れてきたのも何か訳がありそうだった。

調査士は、来た当初からあまり詳しく調べようという気持ちがないような素振りだった。何でだ、何でだ、おかしいなぁ、こんなところに境界石がある。誰かが動かしたんだな、と独り言を言いながら、しばらく要所要所のポイントを調べていた。

しかし、結局は何もわからなかった。

はっきりしたことは、当時測量はしたものの、家を建てる段階で誰かが家の形状に合わせて勝手に境界石を動かしたんだろう、ということだった。

調査士が帰り際に次のように言った。

「この土地にはこれ以上関わりたくはありません。今日ここに呼び出されたことも私は不愉快でした。自分が測量したという責任があったので来ましたが、もう私へは連絡をしないでください。私は当時の測量代金ももらっていないんです。それどころかひどい目に遭いました。今日、私を呼び出した人があなた方だったので、本当にホッとしました。あとはお二人で話し合って解決してください」

そう言い残して帰っていった。

当時、どういうことがあったのか何も話してくれなかったので、北川さんも私もそれ以上のことは何もわからなかった。

北川さんが「今日は午後から用事があるので、また日を改めて話し合いましょう」と言うので、その日は別れた。

私は昼ごはんを食べたあと、巻尺を持ち出して実際の地形を自分の手で描いてみようと思った。

地形は直角になったところは一ヶ所もなかったが、道路に面した直線部分を基準にして、それぞれの辺の長さを測っていった。ついでに隣の土地の長さも測った。

その寸法をもとに、公図と照らし合わせながらコンパスと定規を使って図面を描いていった。そして面倒くさい作業ではあったが、私が描いた図面の上に公図を薄く描き足していった。

それを見て初めてわかったが、公図の通りに地形を修正すると、私の土地の一端が北川さんの家の玄関付近まで入り込むことがわかった。また北川さんの土地が私のほうへ侵食している部分があることもわかった。

結果として、プラスマイナスすると私の土地が約二坪狭くなっていた。北川さんも土地の形状が違うということはわかってくれたが、ここまでの違いには具体的には気が付かれなかったはずだ。

早速、調査士へ手紙を出した。

私が書いた図面を同封して、専門家の立場から図面におかしいところがあったら教えていただきたい、そして、こういう場合にはどういう解決をしていったらいいのかアドバイスをいただきたい、との二点を相談したが、調査士からはその後全く音沙汰がなかった。調査士はよほどこの土地とは関わりたくなかったようである。

北川さんにも手紙を出した。

『前略　昨日は遠方からご足労いただきましてありがとうございました。

北川様ご所有の土地と私所有の土地との間で、公図に基づく土地面積に違いがあるのではないかということで、調査士立会いのもとに実地を検分してもらいましたが、若干腑に落ちないところがありましたので、私のほうで現況が実際にはどうなっているのか調べてみましたところ、次のようなことがわかりました。

昨日の話し合いの時には、玄関前の三角部分だけが違っているのではないか、という前提で話を進めていましたが、私が調べた範囲では玄関前の三角部分も含めた斜線部分の面積が公図と違っているようです。

同封の図面は私が描いた公図の地積と現況の地積の比較です。私も素人ですので図面の描き方に間違いがあるかもしれませんが、ほぼこの図面通りだと思います。

いずれにしても、現況と公図が違うということははっきりしていますので、北川様のご都合のよろしい時に改めて話し合い、きちんとしたものにしておきたいと思います。まずは昨日のお礼方々公図と現況の違いについてのご報告まで。

早々』

と丁重に書いて投函した。

数日後、北川さんから電話があり手紙のお礼を言われた。

「仁田さんは測量もされるんですか？」

と訊くので、

「いや〜、あの程度でしたらコンパスと定規があれば誰でも描けると思いますよ」

と言うと、

「ずいぶん詳しく描いてあるので驚きました」

と世辞を言われた。


昭和五十七年五月七日。

休日の午前中に、北川さんに再び来てもらって話し合いをした。

北川さんが自分の知り合いだと言って測量士を連れてきていた。そういう点では抜かりがない人だった。測量士さんから名刺をもらうと、同じ市内の人だったので安心はした。

私たちは朝日が射し込む北川さんの家の玄関先で話し合った。妻も気になるらしく、庭先に出てきてみんなに挨拶した。

そして、「できたら、あとあと面倒な問題にならないためにも、公図の通りに戻してもらったほうがいいんじゃないの?」と言った。

それは妻の言うとおりだ。しかし、公図の通りに元に戻すと私の土地が北川さんの家の玄関の中にまで入り込んでしまうことになる、そうなると北川さんの家は玄関を取り壊し、玄関を別のところに作り直さないといけなくなるのだ。北川さんもそれでは困るので、私のほうから、

「公図にうたってある面積をお互いに確保しながら、再度双方が納得いくように線引きし直しましょうか」

と言うと、北川さんもホッとした表情で、この提案にすぐに納得してくれた。横で私の話を聞いていた測量士も、「そのほうがお互いに賢明ですね」と理解してくれたので、私は前もって作成していた図面をその場で二人に見せて、「こういう線引きでどうでしょうか?」と提案した。

北川さんも測量士も私の描いた図面を見ながら地積を計算して、

「これだったら玄関もそのまま生きるし、双方の面積も公図で謳われている通りに確保できるので問題ないですね」

と私の提案を了承してくれた。

測量士が測量用の道具一式を持ってきていたので、私の図面を参考にしながら、双方立会って線引きし直し、境界石を新たに打ち直した。

横で話を聞いていた妻も、自分の家の土地面積が広がるので納得していた。


昭和五十七年六月八日。

測量士が正式な測量図を持ってきてくれた。

その測量図を見ながら、一ヶ月前に打ち込んだ境界石の位置を、北川さんと私とで再度確認して、測量図に印鑑を押し、各自が一部ずつを持った。境界のブロック塀は後日、岩佐社長に相談して積み直した。

私も妻も、玄関前の土地が二坪も広がったので、この結果を喜んだ。北川さんも、私たちが頑強に公図通りを主張すれば、玄関からの出入りができなくなっていただけに、私たちと同じようにこの結果を大変喜んでくれた。

双方がそれぞれに得をしたような気分で解決したので、解決としては一番いい形だった。境界の件でこれまで案じていたのが嘘のようだった。

測量にかかった費用とブロック塀は私と北川さんで折半することにしたが、私が岩佐社長に境界の問題が無事に解決したことを話すと、岩佐社長のほうで折半にかかった費用のすべてを出してくれた。

それにしても、最初に来てくれた土地家屋調査士の言動はいったい何だったんだろうか、いつまでも気になった。

測量した時の代金をもらっていないと言っておられたが、いったい当時に何があったんだろうか。大変な家を買ってしまったんだなぁという思いだけが残った。

心配していた土地境界の問題は意外とすっきり解決した。

交渉相手が金融業者だという先入観があったので気が重かったが、「当たって砕けろ！」というよりは、「案ずるより産むが易し」の例えがピッタリと当てはまった。

《後日談》
北川さんからぜひ一度、東京の自宅に遊びに来てほしい、というお誘いがあった。
最初は辞退の連絡をさせてもらったが、どうしても仁田さんにお礼をしたいので、と強く言われるので断りづらくなり、お言葉に甘えて北川さんの家を訪問させてもらった。

電車に乗って最寄りの駅まで行き、そこから北川さんの家までは歩いていった。広い敷地に和風の大きな二階建ての家だった。門構えも立派で、庭にはきれいな芝生が敷き詰められていた。

北川さんはここでも和服姿で迎えてくれた。和服が似合う人だなぁと思った。いつも和服を着ておられるんだろう。二階の和室に案内された。日当たりのいい明るい部屋で二階からの眺めも良かった。

テーブルにはお酒と料理が準備されていた。

品のいい初老の奥さんが挨拶に見えて、

「このたびは大変お世話になりました。うちの主人が仁田さんはお若いのに実にしっかりしている人だと、いつも褒めているんですよ」

と、耳障りのいい挨拶をしてくれた。奥さんは質素な洋服姿だった。

北川さんが隣の家をどういう経緯で入手されたのかは訊かなかったが、私と同じ問題で困っておられたのは間違いなかった。

一つは取り壊し処分の問題で、もう一つは水道の問題だ。市のほうから呼び出し通知がきた時にはびっくりされたそうだ。

私と同じ問題なので、年老いた自分が動くより、隣の私に動いてもらったほうが効果的だということを市のほうからもアドバイスされたため、静観させてもらっていたと正直に話してくれた。

実際その通り私の奔走の結果、昭和五十六年の七月二十日に既存建築物としての確認許可が下り、取り壊し処分が撤回されたのだ。

北川さん夫妻は、仁田さんには本当に感謝しています、と何回も何回もお礼を言ってくれた。私は北川さんの家のことまで考えて動いていたわけではないが、結果として北川さんの家も助かり、こんなに喜んでもらえるとは思ってもいなかった。

それに、北川さんも水道の問題を抱えていた。北川さんの家の水道も、渡辺さんの家の水道を分岐して引いているのだ。

今はまだ誰も住んでいないので表面だった問題は出ていないが、もし人が住むようになったら三軒で水道を使うようになるので、その時はいくらなんでも渡辺さんは黙っていないはずだ。

以前、私たちが不在の時に北川さんが家を見にきていたら、隣の渡辺さんが庭に出てきて、険しい目つきと厳しい態度で「水道は止めるからな！」と北川さんを一喝したそうである。

「渡辺さんは怖い人ですね〜」と私に教えてくれた。

渡辺さんのそういう側面はこれまで一度も見たことがなかったので私も驚いたが、渡辺さんの立場になれば、そうした言葉が渡辺さんの本心なんだろうなぁ、と思わざるを得なかった。

幸い、私たちの子どもと渡辺さんの二人の子どもの年齢がほとんど同じで、普段から仲良く遊んでいるので、渡辺さんも私たちには寛大なところがあったのかもしれない。

北川さんは水道の問題も私が奔走しているのを知っておられた。だから、それが解決するまでは家を売ることを考えておられなかったようである。私に冗談で、

「ついでに、あの家も仁田さんが買ってくれると嬉しいんですけどねぇ」

と言われたので、私も笑いながら、

「とてもそんなお金はありません」

と断った。

北川さんに勧められてお酒と料理を遠慮なくいただいた。

長い時間、何の話をしたのかは今となってはよく覚えていないが、会話が楽しく弾んだことは覚えている。私はどちらかと言うと聞き役だった。北川さんも奥さんも終始ニコニコしておられたので、印象は良かったようだ。

北川さんは若い頃から日本画を描いておられて、たくさんの絵を見せてくれた。帰りにその中から私の好きな絵を立派な額縁に入れてプレゼントしてくれた。

（十三）

会社の仕事は年中忙しかった。八時半始業の職場だったので、毎朝七時過ぎに家を出た。そして、夜の九時前に退社したことはほとんどなかった。帰宅はいつも十時十一時だった。

家事や育児は大半を妻にまかせきりだった。その分、私は仕事で頑張っていた。

妻は、今の家を購入した頃は家の近くの小さな会社に勤めていたが、今は三人の子どもを抱えながら、隣市にある東証一部上場の会社でシステムエンジニアとして働いていた。

妻の一日は毎日が時間との闘いだった。

朝は六時に起きて朝食の支度をし、私を送り出した。その後で三人の子どもを起こし、着替えをさせて食事をさせた。小さい子どもは行動が遅いので大変だった。食事をさせながら洗濯を済ませた。

四月から一駅先の公立保育所へ長女を入園させ、下の二人は家の近くの家庭保育室にお願いした。三人の子どもを連れて行くのも妻の仕事だった。保育所に連れて行った後で、そのまま電車に乗って会社へ通勤した。

帰ってからも大変だった。

買い物は、最寄駅で降りて、長女を保育所に迎えに行く途中の店で済ませた。妻と子どもたちが家に着くのはいつも七時を過ぎていた。それから食事の支度をし、子どもたちを風呂に入れ、寝かしつけた。茶碗を洗い、洗濯物を片付けするのはその後になる。

私が帰るのは前にも書いたが、いつも十時十一時だった。

毎日がこの繰り返しだった。

妻は相当不満が蓄積していた。仕事や職場のストレスもあったので、いつ爆発してもおかしくない状況だった。妻が置かれた状況がわからないではなかったが、私も朝早くに出勤し夜遅くに帰らざるを得ない自身の状況もあって何もしてやることができなかった。

七月四日から十日までの一週間、私は地方の工場へ出張した。製品の品質管理が目的だった。これまで一週間も家を留守にすることは一度もなかったので、妻には大変な負担をかけた。

出張も終わり、東京駅に着いてから自宅へ電話をすると話し中だった。仕方がないので秋葉原駅まで行き、そこから電話をしたが、まだ話し中だった。

私は瞬間、いやな予感がした、妻がこれまで長電話することは全くなかったからだ。家に帰ってから、「東京駅と秋葉原駅から電話をしたんだけど、ずいぶん長電話だったね。何かあったの？」と訊いた。

妻は、工場長の奥さんに電話をして、日頃のうっぷんを話した、と言った。普段から私が家事や育児に何も協力しないことに妻は不満をもっていたが、私が家を留守にしている間に、その不満がピークに達したらしい。

その不満を直接工場長に話そうと思ったらしいが、奥さんが先に電話に出られたので奥さんのほうがわかってもらえると思い、長電話になったと言った。

私は冷や汗が出た。

「奥さんに何を話したの？」と訊くと、工場長は社員を酷使しすぎる。もっと早く帰宅させてほしい、と言ったという。

私はがっかりした。

なんて馬鹿なことを言ったんだ！　奥さんには関係ないことじゃないか！　心配をかけて迷惑かけただけじゃないか！　しかも俺の足まで引っ張るなんて……。

口惜しさが込み上げてきたが、あとの祭りだった。

月曜日、会社に出社して早速工場長にお詫びを言った。

「小さい子どもが三人もいれば奥さんも大変なんだよ。そう気にするな。いろんなことがあるよ」と工場長は言ってくれた。

ああは言ってくれたが、腹の中ではきっと、「女房の一人ぐらい、もっとしっかり管理できないのか、お前は！」と思っておられるだろう。私は思慮のない妻の行為に腹の虫が治まらなかった。あ〜、もうこれで俺の出世はなくなった、とがっかりした。

俺が朝早くから出勤して夜遅くまで働いているのは、すべて家族の生活のためじゃないか。確かに今は家の問題があるので、土曜や日曜にゆっくり家庭サービスはできないけれど、これだってこれから先もずっと続くってもんじゃない。会社で一歩一歩積み上げてきた俺の努力に、いとも簡単に冷や水をぶっかけやがって！

日殖銀行からは数ヶ月連絡がなかったが、支店長代理から久しぶりに電話がかかってきた。銀行と私との間に誰か弁護士を入れてほしい、という要望だった。

銀行のほうで弁護士を頼んでもいいが、もし仁田さんのほうでお知り合いの弁護士さんがおられたら、その方にお願いしてもいいですよ、と支店長代理は言った。

銀行のほうで弁護士を頼むと、銀行有利に話を進めたと私に思われるのではないか、と案じられたのかもしれない。銀行もいよいよ和解にこぎつけようとしている。銀行としては、銀行と私の二者間だけで話がまとまった、ということにはできないようだ。双方の間に社会的な地位のある人、すなわち弁護士が入って、弁護士の調停の元に和解が成立した、ということにしたいらしい。そうすることで銀行の面子も保てるからだ。

私は以前、地元の生活相談所で紹介してもらった弁護士にお願いして、間に入ってもらうことにした。弁護士は気持ちよく引き受けてくれた。

当日、浦和駅の改札口で弁護士と待ち合わせをして、歩きながら相談した。

「私が一千百万円、銀行は一千二百万円を主張してるんですが、中間の一千百五十万円で和解を成立させていただけないでしょうか」とお願いした。

弁護士は、「わかりました、話してみましょう」と快く引き受けてくれた。

銀行に着くと、すぐに応接室に案内された。支店長代理と弁護士と私の三人で話し合った。

話し合いは五分もかからなかった。

支店長代理は予期した通りに一千二百万円を主張したが、弁護士が私のお願いした一千百五十万円で話をまとめてくれた。私にとっては百パーセントの大満足すべき金額だった。

和解の契約書類にサインをしたのは当日の昭和五十七年十二月二十三日で、銀行と私と、間に入ってくれた弁護士との三者が押印して握手をした。

三年近くに亘って、日殖銀行と私との間で交渉し続けてきた抵当権抹消の問題が、最後はあまりにもあっさりとした結末で終わったのには、気が抜けた感じだった。

銀行を出て弁護士と二人で駅に向かって歩いた。弁護士に謝礼金も支払わないといけない。

「先生、今日は本当にありがとうございました。もし時間があるようでしたら、ちょっとコーヒーでも……」

とお誘いすると、先生は腕時計を見て、

「ありがとう、でもこれから地裁に行かなくてはならないので……。でも仁田さん、よく頑張りましたね。もしあなたが最初から弁護士に依頼して交渉していたら、きっとあなたの希望された金額での和解はなかったでしょうね。もっと高い金額で和解していたと思いますよ。今回の一千百五十万という金額は仁田さん自身で勝ち取られた成果ですよ、お見事です、よかった、よかった！」

と言ってくれた。

「ありがとうございます、先生、今日の謝礼を……」と言うと、

「謝礼金はいただけませんよ、私は何にもしてませんのでね。今も言ったように今回の和解は仁田さん一人で勝ち取られたものですよ。今日はたまたま地裁に用事があったんで、その前のわずかな時間を仁田さんに付き合ってあげただけですよ」

と言ってくれた。

地裁に遅れるわけにはいかないので……と時間を気にしておられたので、先生にはもう一度お礼を言って駅前で別れた。

解決しなくてはならない四つの大きな問題のうち、三つの問題が解決できた。
一、所有権の移転登記（昭和五十五年六月十九日）と
　　抵当権の抹消（昭和五十七年十二月二十三日）
二、既存建築物の確認許可（取り壊し処分の解除）（昭和五十六年七月二十日）
三、土地の境界問題（昭和五十七年六月八日）

家を買ってから丸三年経っていた。

私は、岩佐社長に最終的な和解金額が一千百五十万円で決着したことを話した。

岩佐社長はもう少し高い金額で和解すると思っていたらしく、私の報告金額に、

「よくここまで頑張りましたね」

と大変喜んでくれた。

岩佐社長には一千百五十万円のうち、私が岩佐社長に支払う予定だった九百四十万円を引いた残りの二百十万円を出してもらうことにした。岩佐社長は会社が倒産した後でも支払う約束をしてくれていたからだ。

社長は、二百十万円の支払いで済むことになったので、本当に喜んでくれた。

私も以前、妻に話したことを噛みしめていた。

「おかあさん、この家の問題は必ず俺がうまく解決するので、その間倹約して少しでも多くお金を貯めてほしい。東成不動産が抵当権を抹消してくれた暁には埼葛信用金庫から九百四十万円もの借金をしなくて済むからね。今、苦しんでいる分、あとが楽になることを考えれば頑張り甲斐があるじゃないか」

東成不動産が倒産して抵当権を抹消してくれなかったので、結局自分の力で抹消せざるを得なかったが、その他はすべて現実になった。

私たちはこの家に丸三年、ただで住んだ。

妻も大変な時期に、三人の子育てをしながら正社員として働いて、私の希望通り貯金もしてくれた。その額を聞いてびっくりした。年に百八十万円、三年で五百四十万円ものお金を貯めてくれていたのだ。

考えてみればこの三年間、私たちは本当に質素な生活をしてきた。

子どもたちの服はすべて知り合いからの貰いものだった。

旅行へも行かなかった。市役所や銀行や水道局へ行く時間はあっても、家族で遊びに出かけるような心と時間の余裕は全くなかった。

この三年間、すべての時間がこの家のために費やされた。

和解は成立したものの、日殖銀行に対してはまだ解決しなくてはならない問題が残っていた。銀行に和解金の一千百五十万円を支払わなくてはならないのだ。

岩佐社長が二百十万円を出してくれる約束になっている。

私たちは残りの九百四十万円を揃えなくてはならない。妻が貯めてくれた五百四十万円があるので、私はあと四百万円を用意すればいいが、これは埼葛信用金庫から借りればいい。

しかし、問題が一つあった。それは、岩佐社長が二百十万円を出してくれることになってはいるが、銀行取引が停止になっているので、すぐに二百十万円を揃えられないということだ。

仕方がないので、私は埼葛信用金庫に私の四百万と岩佐社長の二百十万を合わせた、合計六百十万円の融資を私の名義で申し込んだ。

もちろん埼葛信用金庫に内訳を話す必要はない、私の名前で全額を申し込むのだ。三年の月日が経っているので住宅ローンの対象にはならなかった。一般貸付けの名目で、十年返済の約束で借りることにした。

借りる当事者は私であるが、そのうちの二百十万円は岩佐社長の分である。私は岩佐社長が間違いなく返済してくれることを信じるしかなかったが、妻はすごく不安がった。

「どうしてそんなお人好しなことまであなたがやるの」と私を非難した。

「俺だってやらないで済めばそれに越したことはないよ、そんなことは言われなくってもわかっているよ」と私も反発した。

結局、埼葛信用金庫に六百十万円の融資を私の名義で申し込んだ。

岩佐社長はその後、彼が支払うべき分のお金を毎月私に返済してくれた。生活は苦しそうだったが、毎月きちんと渡してくれた。

若干でも余裕がある時は数ヶ月分を一度に前払いでくれる時もあったので、社長の分は三年半で完済し終わった。

私たちは、自分たちの四百万円を二年半で繰り上げ返済してしまった。埼葛信用金庫はこの繰り上げ返済をあまり喜ばなかった。

埼葛信用金庫から六百十万円を借りる際に自宅を担保に入れたが、この担保も昭和六十一年十月七日には抹消することができた。

私たちにもう借金はなくなった。

私は岩佐社長を信じてよかったと思った。

もし、この家が何の瑕疵もなく、最初の予定通りに、埼葛信用金庫から二十五年返済で一千万円の大金を借りていたら、まだ今頃は毎月のローン返済で元金のいくらも減っていなかっただろうし、まだまだローンの返済が続いていただろう。

私たちにとっては感謝すべき災難であり、神様が与えてくれた貴重な試練の成果だった。

残った問題はいよいよ水道だけになった。

（十四）

抵当権抹消での銀行との交渉や、土地境界の解決に時間を取られている最中でも、私は決して水道の問題を棚上げしていたわけではない。

とにかく、水は毎日使用する。特に、三人目の子どもが生まれてからは日々の洗濯量も多くなり、いやが上にも意識せざるを得なかった。

おまけに、隣の渡辺さんからは水道の話がどこまで進んでいるのか、日を追って訊かれていた。忘れようにも忘れさせてはもらえなかった。

前にも書いたが、川沿いの一番短いコースは、河川法との関係で県の許可が下りなかった。

水道局の言う正規のルートでは、工事費用だけでも四百万円以上はかかる。

こうした二つの大きな壁が私の前に立ち塞がっていたが、私は何としてでも川沿いの一番短いコースに引かせてもらう、ということを諦めてはいなかった。

私は、水道局や県の土木事務所に足繁く通った。

そして、費用負担の一番少ない川沿いの道路に引かせてほしい、と繰り返し繰り返しお願いした。

岩佐社長との間では、すでに公正証書を作成し、水道工事にかかる一切の費用は岩佐社長のほうで持つということを約束してくれている。

その岩佐社長も不渡りを出し、細々と仕事をしている現状では四百万円という多額の出費はきついはずだ。かと言って私も立て替えるだけの余裕は全くなかった。妻が貯金をしていたお金は、抵当権の抹消に全部使ってしまったからだ。

水道局や県の土木事務所に相談に行くたびに、これはなかなか解決しそうにないな、という諦めと、もしかしたら時間がうまく解決してくれるのではないか、という思いが私の中に交錯するようになった。

そう思える何かが具体的にあったわけではない。

とにかく何回も何回も足を運び、決して諦めてはいないぞ、という意思を行動で示しておく必要があると強く感じた。

私が当初から要求している川沿いの一番短いコースと言っても、本管からの距離を測ると百二十メートルはある。しかも、この道路はコンクリートの舗装道路なので、工事費も百万円以上は軽くかかるのだ。

費用から考えても、短いコースなどと決して言えたものではないのだが、それでも私の家に水道を引くコースとしては一番安くあがるコースである。この一番短いコースが河川法の適用を受けて、水道管やガス管等を埋設してはならないことになっているのだ。

私の家の近隣には、市街化調整区域にも拘らず、一種の集合住宅みたいに一戸建住宅が四十から五十軒は建っている。きっと大手の住宅メーカーが合法的に建築許可を得て開発したんだろうと思われる。

これらの家の水道管はどういうルートで引いてあるんだろうか。

私はまず、私の家の横にある二、三軒の家の水道管が、どういうルートで引かれているのかを水道局で調べてみることにした。

調べてみて、びっくりした。

河川法が適用されているはずのこの道路に、埋設できないはずの水道管が三本埋められているのがわかった。県が河川法を盾にとって許可しないこの道路に、水道管が埋設されているのである。

これはどうしてだろう、おかしいと思わないほうがおかしい。

私はこれら三本の水道管が、いつ敷設されたのかも調べてみた。

一本は水道局の台帳にも載っていないほどの古い管であり、残りの二本は昭和四十五年から昭和四十七年にかけて埋設されていた。

私は水道局にお願いして、昭和四十五年から昭和四十七年当時の水道管の敷設申請書を見せてもらった。なんと、正式な申請書が水道局に提出され、受理印がはっきりと押されているではないか。

私は早速、法律書をめくって河川法がいつ施行されたのかを調べてみた。

河川法は昭和三十九年に制定され、同年に施行されている。

えぇっ⁉　これはいったいどういうことなんだ？

河川法が施行された後に申請書が提出され、受理されて埋設されているのである。

当然、河川法が適用されなければならないのに、だ。

申請書が提出されたら却下されなければならない性質のものである。どうしてこんなことが起こったんだろうか。

こんなことはありえないはずであるが、当時の担当者が河川法を知らなかったが故の結果だったとしても、この法律が国民の生活と安全を守る上からも非常に有効なものであるならば、実態が判明した以上、すぐにでもこの水道管は取り除き、道路使用者が日常生活に支障をきたさないように何らかの手を打つのが当然であろう。

しかし、それは放置されたままである。誰が考えても納得いかないことである。こっちが許可されて、どうして私が許可されないんだろうか。

私の家はもう違法建築物ではないのだ。昭和五十六年の七月に既存建築物としての確認許可を受けた合法的な家なのである。

私はこの矛盾を水道局と土木事務所で話をしようと思った。この点を追求していくと道は開けると思ったからだ。

しかし……、いろいろ考えた末に、私はこの点での深追いはしないことにした。昔にさかのぼって問題を指摘すれば、この三本の水道管を現在使用している隣の数軒に迷惑をかけることになる。それでは申し訳ないと考えたからだ。

隣近所とは今後とも仲良く付き合っていきたいので、問題は起こしたくない。できれば県のほうから何事もなくスムーズに許可を得たいというのが、私の願いだった。

私は、県の出先機関である土木事務所を訪ねて、管理課長に会った。深追いはしないけれど、現状認識はしてもらいたい。

「課長、何度もお願いしてくどいようですが、川沿いの道路に引かせてくださいよ。この道路には三本の水道管が埋まっているんですよ。水道局で確認したので間違いはありませんよ。新たに一本追加したからって問題はないと思いますけどね」

と話すと、課長は複雑な顔をしたが、やはり難色を示した。

なぜこの道に水道管が埋まっているのか昔のことなので理由がわからない、とにかくこの道路に水道管を埋設させることはできない、と言った。

「新設が無理なら、現在埋まっている管をもっと太い管に変えて、途中で枝分けして私の家にも引かせてもらうというわけにはいかないでしょうか」

と頼むと、

「考えとしてはわかるけど、あの道を掘り返すこと自体がまず無理ですよ」

と簡単に否定された。

「ほかに何かいいアイデアはないでしょうか？」

と言うと、課長は腕組みをしてしばらく考えていたが、

「あの道路をはずれた先で、隣近所の方に水道を分岐してもらえないか相談してみたらどうですか？」

と言った。

つまり、渡辺家の水道管は管径が十三ミリと細いので、二世帯で使うには水の出も悪くなるが、他の家はもっと太い二十五ミリの管で引いてあるので、二世帯で使っても問題はないはずだというのだ。それだと川沿いの道路を掘り返す必要はなくなる。

課長にしてみれば、とっさに思いついた名案だったのかもしれないが、実は私もそれを考えて、以前に斜め横の長谷川さんの家に相談に行ったことがある。

「それは私も考えました。皆さん気持ちよく相談にのっていただけると思ってお願いにいったんですよ、ところがダメでした。聞いたところによると、以前この水の問題で隣近所に小さいトラブルが起きたらしいんです。どういうトラブルかまではおっしゃらなかったですが、みんな水に関しては意外と神経をとがらせているそうなんですよ。私に断った人は、私に対して悪意があって断られたのではなく、また以前のようなトラブルが起きても困るので……ということでした。私もトラブルの原因は作りたくありませんし、隣近所とは仲良くしていきたいですからね、それ以上のお願いはできませんでした。課長さんがそうおっしゃられるんでしたら、行政のほうから皆さんに話をしてもらえると皆さんの対応も違ってくるかもしれませんね……」

と言うと、

「そうですか……、隣近所から分けてもらうというのは無理ですか……。それじゃあ仕方ないですね。いずれにしても、個人の資産に関することに行政が介入するわけにはいきませんので、私から皆さんに話をするわけにはいきません。では、別の方法で考えるようにしましょうか」

「別な方法って、何かいい案がありますか？」

「とにかく、川沿いの道路に引くことは無理ですので、それ以外の方法で検討していくしかありませんね」

と言った。

家では妻も私も真剣に考え続けていた。

どういう方法が実現可能だろうか。

どうしたら多額の費用をかけないで引けるだろうか。

どうしたら一日も早く引くことができるだろうか。

どうしたら……、どうしたら……、どうしたら……。

たまに考えるのに疲れると、妻が、

「なぜ私たちがここまで考えなくちゃいけないの。どうしてここまで私たちが骨を折らなくちゃいけないの。工事費は東成不動産が全額持つことになっているんだから、正規のルートで引けばいいじゃない。そうすれば早く工事も終わって、渡辺さんにも迷惑をかけないで済むのよ」と言ったりもした。

「それはわかっているよ。それはわかっているけど、今、岩佐社長が四百万円ものお金を出せるわけがないじゃないか。抵当権抹消だってまだできずに右往左往している時に、どこから四百万円ものお金を工面できるんだよ。それだけのお金が工面できるんだったらまず抵当権を抜いてもらいたいよ。かと言って俺たちで四百万円ものお金を立て替えるわけにもいかないし、岩佐社長が負担できる程度の費用と方法を考えるしかないじゃないか」

この頃は、東成不動産もまだ不渡りを出す前であった。

ある日、土木事務所を訪ね、課長と話し合っている時だった。ふと課長に案が浮かんだらしい。メモ紙に私の家の近辺の地図を描きながら、

「川向いの反対側の道路から、水管橋をかけて水を引いてはどうだろうか。反対側の道路には本管も埋まっているので、これだと距離も短いし、正規のルートから引くよりはるかに安い費用で済みそうですよ」

と言った。

水管橋とは、川の上を跨いで水道を通す管のことである。

私はこれは名案だと思った。こんな発想は私にはできないし、思いつきもしなかった。

川と言っても、下流に下っていくと有名な川に合流して東京湾に注いでいるが、私の家の前を流れる川は、川幅も狭く実態は農業用水だ。フェンスの内側には草が生い茂っている。

課長は、治水課の係長を呼んで私を紹介してくれた。そして、さきほど私に説明した内容と同じことを治水課の係長にも話した後で、「水管橋をここに渡した場合、治水対策上何か支障があるだろうか？」と訊いた。

係長は、ちょっと待ってください、と言って席を離れ、現場の図面を持ってきた。

その図面には川の治水や管理に関する細かいデータがいろいろ記入されていた。

係長は、図面上で場所を確認し、「う～ん、水管橋ですか～。むずかしい問題ですね～」と難色を示した。

「この川は国の災害復旧特別事業の指定を受けて、河川改修工事をすることが決定しています。工事はもうしばらく先の話になりますが、水管橋はその工事の邪魔になりますので現状で許可するわけにはいきませんね。でも、一時使用ということで、工事の邪魔になる時は無条件で取り除くということを仁田さんが承諾してくださるなら別ですが、それでは仁田さんも生活に支障がでて、かえって困りますよね。それよりも、この地域の改修工事は下流から見て左岸が昭和五十七年度中に、右岸は昭和五十八年度中にやることになっています。政府の予算編成によほどの変更がない限り、予算が下りることはまず間違いないでしょう。工事完了後は堤防と道路はきちんと分けられますし、正式な道路ができれば河川法に関係なく水道管を埋めることもできますよ。これまで辛抱してこられたんですから、あと二年ぐらいは待てませんか」

と言った。

そして、テーブルの上に河川改修工事の別の図面を広げて見せてくれた。確かにその地図には、今ほど係長が説明してくれた内容のことが詳細に書き込まれていた。

管理課と治水課は席が離れている。治水課の横に広いテーブルが置かれていて、職員と業者と思われる数名が話し合っていたが、係長がそちらを見ながら、「今も業者と打ち合わせを行なっているところです」と言った。

管理課長が提案した水管橋の時も名案と思ったが、治水課の係長の今の話はまさに朗報だった。

改修工事の図面といい、工事業者との打ち合わせといい、私にとっては百パーセント信用するに値するものだった。

同じフロアで仕事をしていても、管理課は治水課の仕事内容を詳しく把握していないようだ。こういうことは民間の会社でもよくあることなので別に問題になるものではない。管理課長が、

「そこまで工事が煮詰まっているんだったら、渡辺さんにお願いして、あと一、二年待ってもらったほうがいいでしょうね」

と言った。話を聞いた後では、私もそのつもりになっていた。

隣の渡辺さんの好意に甘えるわけではないが、いつになったら確実に水道が引けるのか、その目途さえはっきりすれば了解してもらえる、と思った。

私は渡辺さん宅に行き、これまでのお詫び方々、県でのいきさつを話したあとで、あと二年待ってほしいとお願いした。

渡辺さんも、私が普段から水道の件で、時間や労力を惜しまずに走り回っている姿をよく知っておられたので、二年という期間には不満足ながらも、しぶしぶ承諾してくれた。

私は、昭和五十七年、五十八年が早く来てくれることを心から望んだ。

やがて、五十七年度になった。

心待ちにしていた左岸の改修工事が始まった。ブルドーザーが二台入り、草の茂みが取り除かれ、川幅が広くなり、やがて斜面に芝生が植えられた。

これまでは雑草が生い茂っていた堤防も、きれいに地ならしがされ芝生によって見違えるように生まれ変わった。

長女と長男はブルドーザーの動きが面白いらしく、飽かずに眺めていた。私も妻もその工事の様子を見て、一年後にはこちら側も工事が始まり、やがては正式な水道が引けるということに確信を持った。渡辺夫妻も、私の話を裏付けるような工事の着工に、よかったですね、と言って一緒に喜んでくれた。

あとは時間が間違いなく解決してくれるものと安堵し、その後の経過については県に直接問い合わせることもしなかった。

しかし、水の使用については相も変わらず気を使っていた。正式に水道を引くまでは、使わせてもらっている身分である。


五十七年の夏、暑い日だった。

妻も私も家の中にいた。三歳半になっていた長女はひとりで庭で遊んでいた。長男と次男は昼寝をしていた。

しばらくして、渡辺夫人の大きな声が聞こえた。

「お水遊びはダメよ、早く止めなさい！」と言っている。

妻も私もさっと緊張した。そしてすぐに庭に飛び出した。長女は、着ている洋服を水浸しにして遊んでいた。蛇口が開いて、水がほとばしっている。

私は長女を叱って、家の中へ連れ戻った。妻は、すみません、すみません、と平謝りに謝っていた。

水道料金は隣と折半で支払っている。

もちろん長女は怒られたと思って泣いた。しかし、本当に泣きたかったのは妻と私のほうだった。

子どもに水遊びを楽しませてやることもできなかった。一日も早く五十八年になることを願った。

やがて、半年も過ぎ、昭和五十七年も終わろうとしていた。

五十七年の暮れには、抵当権の抹消に関する和解が日殖銀行との間で成立した。

そして、待ちに待った五十八年の年を迎えた。いよいよ今年は右岸の改修工事が始まり、正式に水道が引けると思うと、妻も私も二重に喜びが込み上げてきた。

しかし、その喜びは長くは続かなかった。

五十八年度中に右岸の工事が決定しているというのに、私たちの耳に周辺の土地買収の話が何にも伝わってこないのだ。

不思議に思いながらも、それでもまだ百パーセントの工事着工を信じていた。

私はこれまで勤務していた会社を二月いっぱいで退職することにしていた。

長女は四歳になり、長男は三歳、次男は一歳になろうとしている。これまで長女は保育所に、長男と次男は同じ町内に住む倉岡さんという家庭保育室に預けていた。その倉岡さんが、三月末に群馬県のほうへ引っ越すことになった。そのことは半年前に知らされていた。長女がゼロ歳の時からお世話になり、長男も次男もお世話になっている。

私たちは昭和五十八年の年が明けるとすぐに、三人の子どもたちの保育所入所申し込みの手続きを行なった。三人とも同じ保育所になるように希望していたが、希望する保育所に空きがないということで、次男だけが別の保育所に決まった。

保育所が別々では何かと不便である。私たちは、市に三人とも同じ保育所になるように交渉した。

その結果、三人とも同じ保育所に変更してもらえた。それ自体はすごく助かったが、その保育所は一駅先にある。

とてもこれまでのように妻が三人の子どもを自転車に乗せて、一駅先の保育所まで送り迎えするのは困難になった。雨の日や雪の日、風の強い日などを想像すると、妻もそうだが子どもたちも不憫だった。

私は相も変わらず朝は七時過ぎに自宅を出て、夜は十時、十一時と帰宅が遅かった。子どもたちと一緒に食事をするのは土曜、日曜の休日だけだ。

妻は、前にも書いたが、正社員として隣市の会社で働いている。子どもたちの面倒を妻一人に押し付けていたので、妻も相当疲れていた。疲れてはいたが、子育ては一時期のことなので会社は辞めたくない、と言って頑張っていた。

確かに女性は一度仕事を辞めると再就職は難しい。その点、男は健康で、意欲とわずかな知恵さえあれば仕事は何とかなるものだ。

結局、二人で話し合った結果、私が自宅近くの会社に転職することにして、送り迎え用の軽の中古車を買うことにした。

二月いっぱいで会社を辞める予定でいたが、工場長に、それでは会社が困ると言われて、結局は四月二十日に退職した。

新しい会社は自宅と同じ市内にあり、勤務時間は朝の九時から夕方の五時までで、残業も少なく、子どもたちの送り迎えには好都合だった。

それに、これまで平日は子どもたちとの接触が全くなかったが、今度は朝起きて夜寝るまでのほぼ百パーセントと言っていいほどの時間で可能になった。

我が家もやっと母子家庭を卒業して、家族らしい団欒を取り戻すことができた。

私は四月になると早速、県の出先機関である土木事務所を訪ねていった。

国や県の五十八年度の当初予算もすでに決定し、いつから工事に着工するのかも決まっているはずだと思い、確認を得ようと思っていた。

ところが、管理課へ行ってみると中の様子が一変していた。管理課長も治水係長も、四月の人事異動で他所へ移っていた。

この間の事情を詳しく知っている二人が、共にいなくなっていたのである。

しかも驚いたことに、この河川改修工事の担当部署が土木事務所から、治水管理事務所へ移行していたのである。これには本当にびっくりした。

私は早速、隣市にある治水管理事務所へ出かけた。

用地課の担当者に会い、土木事務所の治水係長から聞いていた話を説明した。そして右岸の改修工事が五十八年度中に完了するのかを訊ねてみた。

ところが担当者の話は、治水係長から聞いていた話の内容と大幅に違っていた。

用地課の担当者いわく、

「とても五十八年度中に工事は終わりませんよ。川下のほうから順次土地の買収を行なって工事を進めてきていますが、仁田さんの地域は今の進行状況からみても、ずいぶん先になるでしょうね。土地の買収が済まないことには工事の着工ができませんので、治水課の人がどうしてそういう話をしたのかちょっと理解できません。とにかく今の進み具合から予測しても七、八年先にはなると思いますよ」

土地買収に当たっている担当者が言うのだから間違いはないだろう。

それにしても、いったい誰を信用すればいいんだろうか。縦割り行政の弊害なんだろうか、信じられなかった。

私は裏切られた気分になったが、担当者にお礼を言って事務所を出た。

さて、隣の渡辺さんにどう話したらいいんだろう。七、八年先になりますのでそれまで待ってください、とはとても言えない。

かと言って頬かむりしているわけにもいかない。このままズルズルでは渡辺さんも承知してくれない。

私はいよいよ結論を出さざるを得なくなった。いざとなったら四百万円出してでも遠方から引く以外にない。

水道工事費用は、岩佐社長が出すことになっている。そのための公正証書も取り交わしてある。今の東成不動産にとって四百万もの工事費用は言うほど安い金額ではないが、その工面は今後岩佐社長と相談するにしても、この期に及んでこれ以外の解決方法は見出せない。

私は隣へ行って事情を話した。

渡辺さんからは、

「約束なので今年一年は待つが、これ以上は待てない。来年の四月になって解決していなければ水道をカットするのでそれは承知してください」

と、厳しく言われた。

私は何も言えなかった。

とにかく、今年度中という期限が決められた。期間にするとあと一年もない。水道がカットされるとその日から生活に困る。まさに死活問題だ。絶体絶命のピンチに追い込まれた気分になった。

私は日を置かないで土木事務所に行った。水道局は県の了解が得られればいつでも給水を検討するという方針だったので、土木事務所に行ってそのことを訴えた。

「県が埋設を許可してくれれば、水道局はいつでも対応しますと言ってくれてるんです。あなたたちに私の問題を解決しようという気持ちがないなら、私は県知事に直訴します。私はこの三年半じっと耐えてきました、しかし、辛抱にも限界があります」

と強い口調で訴えた。

もう、何も怖いものはなかった。何としても川沿いの道路に水道管を引かせてほしい、というのが私の一番の願いだった。

一週間して管理課から連絡があった。県知事に直訴すると言ったのが功を奏したとは思わないが、土木事務所の人たちも長いこと私の問題に接してきて、何とかしてやらなければ、という気持ちになられたのだと思う。申請を受け付けるので書類を提出してほしい、ということだった。

やっと道が開けると思った。

申請書に記載する水道管埋設の理由に、
一、現在使用している水道管は、申請当時の水栓番号も古く、管自体が老朽化し危険でもあるので、新しい管に取り替える。
二、合わせて、水圧が低く水の出が悪いので太い管に取り替える。
という内容にしてください、ということだった。

どういうことかというと、新規に水道管を埋めることは河川法上できないので、既設の老朽化した水道管を新しいものに、しかも管の太さを大きくして埋め直すというのだ。そういうことなら許可を検討するというのである。

この案は、私が最初の頃に提案していたことと全く同じであった。

しかし、とにかく県が申請を受け付けるというので、以前にお願いしていた田島設備さんに相談して、書類を作成し申請した。

書類を提出したあと、私は首を長くして回答を待っていたが、なかなか返事が戻ってこなかった。問い合わせてみると、関係部署でそれぞれ問題がないかを検討して回していくので、回答が出るまでに一ヶ月以上はかかるという。

私も、今回に限ってはそんな悠長なことを言っていられなかったので、

「あなたたちは机の上だけで、ああでもない、こうでもない、と言って仕事をするから時間がかかるんですよ。検討している時間よりも机の上で書類がホコリをかぶっている時間のほうが長いじゃないですか。私だったら関係部署の人たちを現場に一度に集めて、その場で意見を出し合って一日で結論を出しますよ」

と強く抗議した。とにかく、その時の私には怖いものは何もなかった。

しばらくして回答があった。

書類を提出してから、優に一ヶ月は経っていた。

夜、家に田島設備の社長さんから電話があった。

「今日、県の企画調整課の方から連絡がありまして、河川法との関係でやはり許可できないということでした」と申し訳なさそうに伝えてくれた。

田島設備に責任はない。それどころか、水道の件では田島設備さんにこれまでずいぶん骨を折ってもらって感謝していたくらいだ。

私は、翌日企画調整課の課長に電話をして、

「許可できないという回答をもらいましたが、納得のいくように理由を説明してください」

と頼んだ。課長は、

「正式な却下はまだしてないはずですよ。ただ、許可するにしてもいくつかの条件は必要だろうと思いますが……」

と言った。

田島社長の聞き間違いではないと思うが、きっと微妙な言い回しだったんだろう。

しかし、まだ完全に却下されたわけではないという。

私は、夕方再び企画調整課の担当者に電話をした。

担当者に、申請書類だけでは決してわからない私のこれまでの経緯を詳しく話して、

「すでに管理課も承知している中で、企画調整課が却下するとは理解ができない。企画調整課で許可が下りれば、これはまだ内部的な話ですが、水道局も本管を通すことで検討してくれてるんですよ。現場をよく確認して判断してくださいよ」

と言った。担当者は、

「水道局で本管を通すって言ってるんですか？　それは本当ですか？　それでしたらちょっと時間をください。一週間以内に水道局の方と一緒に現場を見に行ってきますので」

と言ってくれた。

一週間過ぎたので、今度は水道局の給水課長に電話をした。給水課長には、これまで何回もお会いして話をしやすかったからだ。給水課長は、

「昨日、雨の中を企画調整課の人と一緒に現場を見に行って、視察後に県と水道局で話し合いました。堤防敷道路に水道管が何本も埋まっているのは好ましい状態ではないが、老朽が進んでいるので、この際一本に纏めて本管を入れるということで大筋話

がまとまりました」

と、結果を教えてくれた。本管を通してくれるというのだ。

「やったぁ！」

私にとっては、最高の、飛び上がらんばかりの嬉しい回答だった。私の喜びようは想像がつくであろう。

川沿いの道路に個人的に水道を引けば、百万円以上は最低でもかかるのだ。いずれその費用は岩佐社長が出してくれることにはなっているが、不渡りを出した今の状態から言っても、岩佐社長に全額負担させるのは酷な話である。

それが一転して、水道局のほうで本管を通してくれるというのだ。本管なので費用は水道局で出してくれる。もちろん、その本管は私の家の前も通る。

私は、その実施時期を訊ねた。給水課長は、予算の確保もあるので九月いっぱいには目途が立つのではないでしょうか、と言ってくれた。

私は渡辺さんにこのことを話した。河川改修工事が用地の買収で順調に進んでいないことはすでに話していた。

渡辺さんには今回の話があまりにも出来すぎた内容だったので、最初はすぐに信じてもらえなかった。私はこれまで何回も何回も渡辺さんにぬか喜びをさせては裏切ってきたのだ。しかし今回は間違いないだろう。

今年度いっぱいという約束を何とか守れそうだった。

やがて七月が過ぎ、暑い八月も終わろうとしていた。

給水課長と市役所前の路上で偶然出会ったので、今回のお礼方々、その後の進捗状況を訊ねて見た。

「本当によかったですね。仁田さんが一生懸命努力されたからですよ。順調に進んでいますので安心してください」と課長が言った。

私も大船に乗った気持ちでいた。

しかし、九月に入り中旬を過ぎても、現場では一向に工事に取りかかる気配がない。もうそろそろ工事に入ってもおかしくない時期だと思っていた。私は給水課長へ電話をしてどうなっているのかを訊いてみた。

すると、課長の返事は、工事の見積額七百万円の予算をめぐって暗礁に乗り上げているという話だった。

渡辺夫妻には九月いっぱいには何とかなると話をしていた手前もあり、課長のこの話には本当に参った。それに、そんなに多額の工事費用がかかるということにも驚かされた。

しかし、話がここまで進展してきている以上、振り出しに逆戻りすることは考えられなかった。

私は、この三年半をじっと耐えてきた。

そして長い月日ではあったが、外堀を一つ一つ確実に埋めてきたという思いがあった。まさに孤軍奮闘の思いだった。

私の一件は、県も市も水道局も関係する部署で、知らない人はほとんどいないくらいになっていた。

私には埋める外堀はもう何一つ残っていないと思った。あと攻めるところはどこがあるんだろうか。

私は、水道局の局長に直訴することを決めた。


十月一日。

私は抵当権抹消の時の経験から手紙を書くことにした。

話した言葉はすぐに消えてしまうが、文字にした言葉は後々まで残る。事情を口で説明するより、文章にしたほうが大きな効果がある。

私は広告の裏紙を用意して、手紙の下書きを始めた。

『私はこの三年半というもの、水のない生活を余儀なくされています。

私の頭の中には水、水、水と水の問題が毎日毎日重石となって圧しかかり、一日として気持ちの晴れた日はありません。

私はこの問題を解決するために、県や市それに水道局に何度も何度も足を運び、尽力しているにも拘らず、今もって全く解決の入口にも立っておりません。

その原因は、この一件が解決できないような難しい問題だからではなく、解決しようという意志のない行政側に問題があるからです。

何回も何回も頭を下げ相談を繰り返しても、同情はしてくれるものの、所詮他人事として真剣に取り組んでくれる人は誰もおりませんでした。

ただただ問題の解決を先へ先へと延ばされるだけです。

私がこの件の解決のために走り回るようになってから、もう四年になります。

いいかげんにくたびれました。私にはもうこれ以上の辛抱はできません。

私は行政側の解決意欲のなさと誠意のなさに、強い憤りを感じています。

私のこの身体中に充満した怒りを、いったいどこへぶつけたらいいんでしょうか。

私はこの町に生活して六年になります。

私は水と緑と太陽に満ちたこの町が大好きです。

私の子どもたちもこの町を故郷として、すくすくと元気に育っています。

私は小さい頃から水と空気と太陽は、富める人にも貧しい人にも差別なく、区別なく平等に与えられるものと信じておりました。

水は、人間が生命を維持していく上で絶対に欠かすことはできません。

憲法にも、国民は文化的で健康的な最低限度の生活を営む権利を有すると明確に謳ってあります。

にも拘らず、私の家庭にはこの数年間正式な水道もなく、隣の家のご厚意で水を分けてもらうという非健康的な生活が続いています。

こういう状態がいつまでも続いていいわけはありません。

隣に気兼ねをしつつ、毎日毎日生活をしていかなければならない。このことがどんなにつらいものであるか、御貴殿には十分ご理解いただけるものと思います……』

ここまで書いて私はいったんペンを置いた。

明日はどんなことがあっても局長に会おう。局長に会ってこれまでの経過を何一つ残さず話そう。

私の今の苦しい立場はきっとわかってもらえるはずだ。わかってもらえないはずはない。

私自身ここに至るまでに相当骨を折り、努力をしてきたではないか。これ以上、何をやれというのだ。

局長に会うのは初めてだ。うまく話をもっていけるだろうか。

とにかくこれまでの経過を書いておこう。うまく気持ちを伝えることができない時には、この手紙を読もう。

きっとわかってもらえる。きっとわかってもらえる。

私は自分自身に一つ一つを言い聞かせながら、再びペンを握った。

これから、これまでの経過について書かねばならない。

私はこれまでのいろいろな出来事を思い出しながら、ペンを走らせた。

心は張り詰めていた。

翌、昭和五十八年十月二日。

暦の上では中秋だったが、朝にはまだ夏の暑さが残っていた。いつものように出社して朝一番に局長に電話をすると、午前中の訪問を許可してくれた。

ところが、である。偶然にも、これはあまりにも偶然すぎるので作り話のようであるが、「事実は小説よりも奇なり」というのは、正にこういうことを言うんだと思う。

水道局に出かけようと一階に下りたら、会社に納品に来ていた取引先の社長さんとたまたま玄関先で会った。いつもは組立の仕事を依頼している個人経営の長井社長だ。

年齢を訊ねたことはないが、五十代後半だろう。

私が出かけようとしていたので、「これから外出ですか?」と声をかけられた。

普段から仕事のことで気さくに話をしている社長さんなので、私も気楽に、「ええ、これから水道局の局長に会ってくるんですよ」と言った。

すると、その長井社長が突然、

「水道局の横田局長とは俺は小学校からの幼な友達で、今も付き合ってる仲だよ。なんだ、彼に会うんだったら俺も一緒に行ってあげるよ。そのほうが話も早く済むんじゃないか」

と言ってくれた。

これにはびっくりした、こんな力強い援軍はない。局長とは一面識もない私が、突然伺って込み入った話をするよりも、お互いに知った人間が横にいれば話も早いだろう。

私たちは、長井社長の運転する普通車のバンで水道局に行った。

局長には朝一番の電話で、私一人でお伺いしますと伝えていたのだが、それが何の前触れもなく私の横に長井社長がいたので、局長は、

「なんだ！　どうしてお前が一緒なんだ？」

と、驚いた声を出した。

局長は私の話に耳を傾けてくれた。

私は緊張していたが、いつもの自分とは思えないほど饒舌になった。

水の出が悪くて、妻が悲しそうな顔をすることを話す時には涙が出た。子どもたちが夏の暑い盛りに庭で水遊びをしたくても、頑としてやらせなかった時のつらさを話

す時も涙が出た。

昨晩、遅くまで起きて書き上げた手紙も、今となっては全く不必要なぐらいに自分の気持ちの百パーセントを話した。

手紙はポケットの中にしまったままだった。

この三年半の苦しい闘いを一つも残さず話した。

そして、もはや個人の力ではどうしようも解決できないこと、やっぱり最後は行政の力を借りる以外に解決の道がないことを強くお願いした。

局長は私の話をじっと聞いていたが、私が話し終わるのを待って、

「仁田さんの一件についてはそこまで具体的に聞いていなかったが、そういえば四年ほど前に市長から給水保留の通知が一件あったことは思い出さないではない。あなたの話はよくわかった。行政はあなたのように困っている人や弱い立場の人に、援助の手を差し伸べることが大切な仕事だ。それにしてもよくこれまで辛抱し、頑張ってきましたね」

と、しみじみと言ってくれた。

横にいた長井社長も目頭を熱くしていた。

そして局長は、これは自分の責任で必ず解決する、と約束してくれた。

局長は私たちの前で、内線電話から給水課長と敷設課長を局長室に呼んだ。すぐに給水課長と敷設課長が私たちの前に現れた。

局長は二人の課長と、私の案件を手短に相談し、そして二週間以内に結論を出すよう指示してくれた。

私は局長に深く感謝した。局長の温かい言葉に、この三年半を夢中で走り回ってきた数々の行為のすべてが慰められた。誰も恨む気持ちにはならなかった。

やがて、水道局より結論が出たとの報告があった。

堤防敷道路に本管を埋設すると、数年先の河川改修工事で本管を移し替えしなくてはならなくなる。これは水道局としても資産管理上マイナスである。故に、河川法に触れることもなく、しかも地域の長期的な開発展望に立って、正規のルートに本管を埋設する、というものだった。

私は水道局に呼び出しを受けて、この結論を聞かされた。更に、この結論を具体的に進めていくために、陳情書を局長宛に提出するよう指示された。陳情書の件名と、そこに記載する主旨については参考例を教えてもらった。

それに基づいて陳情書の件名は『水道本管の敷設を要望すること』にした。

その主旨については、
一、私たちの生活居住地区には水道の本管がないこと。
二、遠方から給水管で水をもってきているので、水の出が悪く日常生活に不便をきたしていること。
三、上記事情を推察してもらい水道本管を敷設していただきたいこと。
という内容で陳情書を作成した。

陳情書が出来上がると、その日から数日かけて内容を説明しながら、隣近所の五十軒ほどを回り、賛同の署名を集めて回った。

留守家庭を除いて百パーセントの家が快く署名をしてくれた。もちろん渡辺さんからも署名はもらった。

その署名を添えて、十一月十五日に陳情書を局長宛に提出した。

昭和五十九年の年も明けた。

渡辺さんへは、年を越しての解決になるが了解してほしいとお願いしていた。

署名を目の当たりにしているので、渡辺さんも快く了解してくれた。もう裏切られる心配はなかった。

例年になく雪の多い年だった。

本管の敷設工事は、昭和五十九年一月十九日から始まって同年二月十日に完了した。直径七十ミリの水道本管が渡辺さんの家の前まで埋設された。更に本管には、消防自動車用の給水栓も取り付けられた。隣近所からは大変に感謝された。

私の自宅の水道工事申請は、本管の埋設工事に併せて前もって行なっていた。そして、本管の埋設が終わると同時に、自宅に水道を引く工事を始めてもらった。

工事はもちろん田島設備にお願いした。工事は降る雪のために若干予定より遅れたが、それでも三月の芽吹きとともに完了した。

工事費用はおおよそ四十万円で済んだ。これも約束通り岩佐社長が全額支払ってくれた。最初は百万円以上、いや四百万以上はかかると言っていた工事費用が、四十万円近くで済んだので岩佐社長も大変喜んでくれた。

水の出はこれまでとは比較にならないほど良くなった。隣に気兼ねをする必要も全くなくなった。子どもたちにも多少の水遊びは解禁してやれるようになった。本当に頑張ってきた甲斐があった。

後日、北川さんからも電話があり大変感謝された。北川さんの家も安い費用で水道を引くことができたのだ。

行政は、住民の生命と暮らしを守るために存在しなければならない。行政は、困っている人や弱い立場の人に温かい手を差し伸べてやることも大切な仕事だ。

局長からはいろいろなことを勉強させられた。

（十五）

すべての問題が解決した。
この家に引っ越してから四年と二ヶ月近くかかった。
違法建築による取り壊し解除の件。
所有権移転登記の件。
抵当権抹消での日殖銀行との交渉。
土地境界をめぐる件。
水道敷設の件。
どれをとっても難しい問題ばかりだった。
当時の上司だった工場長から、
「これだけの難しい問題を個人の力で解決できるわけがない」
と言われたこともあった。

まさかと思っていた東成不動産が倒産し、営業員の野田も行方不明になった。

しかし、岩佐社長は会社の倒産という厳しい状況の中で、私との約束のすべてを最後まで履行してくれた。岩佐社長には本当に頭が下がった。

そして、私の粘りに妻も深く感心してくれた。

必ずうまく解決するという信念を、いついかなる時も絶対に忘れなかったことが一番よかったと思っている。

岩佐社長とはその後五年ぐらい、年に一、二回お会いしていたが、ある時期を境にぱったりと音信が途絶えてしまった。

この苦しい時期に、私は一つの言葉に出会った。

『人生で最も大切なことは利益を温存することではない。そんなことは馬鹿にだってできる。真に重要なのは、損失から利益を生み出すことだ。このためには明晰な頭脳が必要となる。そして、ここが分別ある人と馬鹿者との分かれ道になる。』と。

〈デール・カーネギー著『改訂　道は開ける』〈創元社〉よりウィリアム・ボリソの言葉〉

私はこの言葉に出会ってからは、いつもこの言葉を思い出して呪文のように唱えた。

俺は馬鹿じゃない、俺は分別のある人間だ、俺は分別のある人間だ……と。それを自分に言い聞かせながら、思考や行動の指針にした。

新しい水道管が我が家に引き込まれた日、台所で食事の仕度をしていた妻が、蛇口から勢いよくほとばしる冷たい水の感触を確かめながら、

「おとうさん、あんたはとうとうこの伏魔殿に打ち勝ったね」

と、私を持ち上げて褒めてくれた。

妻の顔には喜びが満ちあふれていた。

すべてが解決した今、家と土地が完全に自分たちの財産になっただけではない。私はもっともっと大きな人生の財産を得たような気持ちになった。

妻三十二歳、長女五歳、長男四歳、次男二歳、私は三十五歳になっていた。

（完）

あとがき

三十を過ぎたばかりの頃に、私は〝とんでもない災難〟に出くわしました。

家を買い替えて引っ越してみたら、その家がまさかまさかのトラブルだらけ……。悪魔がいるんじゃないかと思いました。悪魔に負けるわけにはいかない！　家族を守るために私は必死になって立ち向かっていきました。

水道を長いこと我慢してもらった渡辺さんご夫妻には、本当に感謝しています。トラブルの張本人ともいうべき岩佐社長でしたが、会社倒産後も逃げることはせず、最後まで関わってくれたことには今思っても本当に頭が下がります。

稀有な体験だったので、このことをいつかは本に書きたいと思い、当時の資料を大事に残しておきました。

「値段の高い新築の家に最初から住むよりは、値段の安い中古住宅に二、三回は住み替えていろんな間取りを経験した後に、最後は自分のもっとも気に入った間取りの家を建てるのが一番いいいんですよ」

これは知り合った頃の岩佐社長の話です。

私たち家族は、悪魔がいた家に十年ほど生活した後、隣市に三度目の引っ越しをし、更にその十年後に四度目の引っ越しをしました。引っ越した家はすべて中古住宅でした。

あれから四十年。三人の子どもたちはそれぞれに自立して家を出ていったので、七十四歳になった私は初めて新築住宅を建てることにしました。間取りやデザイン・仕様などは、すべて妻の希望通りの家になる予定です。

私たち夫婦の人生は〝とんでもない災難〟を経験したことからすべてが始まったような気がします。あの時の苦労は二度としたくないですが、思い返せば本当に懐かしい青春の一ページです。若い頃の苦労や災難は、時には大いに感謝すべきものかもしれません。

その後、岩佐社長はどうされたでしょうか。すでに九十歳を過ぎておられるはずです、お元気ならお会いして酒でも呑みたいですね、九州弁でしゃべりながら……。

二〇二二年十二月十二日

仁田　芳樹

著者プロフィール

仁田 芳樹（にった よしき）

1948年生まれ

埼玉県在住

我が家は伏魔殿？

2023年５月15日　初版第１刷発行

著　者　仁田 芳樹

発行者　瓜谷 綱延

発行所　株式会社文芸社

〒160-0022　東京都新宿区新宿1－10－1

電話　03-5369-3060（代表）

03-5369-2299（販売）

印刷所　神谷印刷株式会社

©NITTA Yoshiki 2023 Printed in Japan

乱丁本・落丁本はお手数ですが小社販売部宛にお送りください。

送料小社負担にてお取り替えいたします。

本書の一部、あるいは全部を無断で複写・複製・転載・放映、データ配信することは、法律で認められた場合を除き、著作権の侵害となります。

ISBN978-4-286-24108-1